O populismo na política brasileira

Francisco C. Weffort

O populismo na política brasileira

5ª edição

PAZ E TERRA

CIP-Brasil. Catalogação na Fonte
Sindicato Nacional dos Editores de Livros, RJ.

Weffort, Francisco Corrêa.
O populismo na política brasileira / Francisco Corrêa Weffort –
Rio de Janeiro, Paz e Terra, 2003.

ISBN 85-219-0599-8

1. Brasil – Política e governo 2. Populismo no Brasil
I. Título II. Série

W 421p

CDD - 320.156
320.981
CDU - 323.17
32(81)

Direitos adiquiridos pela
EDITORA PAZ E TERRA S/A
Rua do Triunfo, 177
Santa Efigênia, São Paulo, SP — CEP: 01212-010
Tel.: (011) 3337-8399
Rua General Venâncio Flores, 305 — sala 904
Rio de Janeiro, RJ — CEP: 22441-090
Tel.: (021) 2512-8744

E-mail: vendas@pazeterra.com.br
Home page: www.pazeterra.com.br

2003
Impresso no Brasil / *Printed in Brazil*

Em memória de
don José Medina Echevarria
e de
Wilson Cantoni,
por suas lições de vida e de liberdade.

Sumário

Capítulo IV

Classes populares e política

Capítulo V

Liberalismo e oligarquia

Capítulo VI

Urbanização, migrações e populismo

Capítulo VII

Estrutura de classes e populismo

Capítulo VIII

Notas sobre a teoria da dependência: teoria de classe ou ideologia nacional?

Nota do autor

Como entender as formas populistas de emergência das massas populares na política? Como entender o duplo paradoxo do populismo, de setores dos grupos dominantes que promovem a participação dos dominados e de massas que servem de suporte para um regime no qual são dominadas? Os estudos reunidos neste volume apareceram, alguns já há vários anos, como artigos que são hoje de difícil acesso; outros são capítulos de tese universitária. As circunstâncias e os motivos que me levaram a escrevê-los são os mais diversos, mas o tema é comum e está expresso nas perguntas que apresento acima. Quando começam novamente a aparecer no horizonte os sinais de um possível ressurgimento das classes populares na política brasileira, talvez valha a pena voltar a refletir sobre as experiências do passado, afinal tão recente ainda. Esta é a razão que me levou a agrupar aqui estes pequenos ensaios sobre o Brasil que dão também lugar, especialmente na Segunda Parte do volume, a algumas referências a Argentina e outros países latino-americanos.

Os capítulos da Primeira Parte reproduzem, com ligeiras alterações formais, o que eram quando de sua publicação original. Limitei-me apenas, e dentro do possível, a uma limpeza das repetições, difíceis de evitar em trabalhos sobre o mesmo tema e que foram, como estes, escritos em momentos e circunstâncias diferentes. "Política de massas" é de setembro de 1963, quando o populismo brasileiro era o poder vigente ou, pelo menos, aparentava sê-lo. É por isso que, não obstante as alterações de redação que se fizeram necessárias para sua publicação num livro organizado em 1965 por Otavio Ianni, manifesta ainda uma intenção polêmica que era a minha naquele momento. Quando os dois artigos seguintes foram elaborados, o populismo já era o passado: "Estado e massas" é de 1964 e foi publicado inicialmente pela *Revista Latino-Americana de Sociologia*, de Buenos Aires; "O populismo na política brasileira" foi escrito em 1967 para um número coletivo da revista *Les Temps Modernes*, organizado por Celso Furtado.

Os capítulos da Segunda Parte são, com exceção do último, ainda inéditos em português. Foi só nestes capítulos que me permiti fazer algumas emendas de conteúdo e, ainda assim, meramente supressivas. Quem já se deu ao trabalho de ler a minha tese de doutoramento, apresentada à Universidade de São Paulo em 1968, talvez venha a perceber que a publicação atual elimina, dentro do que me foi possível, a adesão à chamada "teoria da dependência", que me parecia, no momento em que foram escritos estes capítulos, um enquadramento necessário para a interpretação do populismo. Vendo agora estes textos com uma distância maior, parece-me, pelo contrário, que as supressões feitas em nada alteram o andamento dos argumentos aí apresentados. É que a minha compreensão da "teoria da dependência" era, em 1968, apenas retórica e ideológica, ou seria aquela "teoria" apenas uma forma de retórica e de ideologia? Passados já tantos anos dos debates sobre a "dependência", não creio que a resposta a uma pergunta como esta tenha hoje maior interesse. Se a deixo assinalada aqui, é apenas para justificar as supressões feitas na Segunda Parte e para explicar a inclusão como capítulo final, quase em forma de apêndice, de minha crítica ao "dependentismo", escrita em 1970 para um debate com Fernando Henrique Cardoso na Facultad Latino-Americana de Ciencias Sociales (Flacso), de Santiago, Chile.

São Paulo, 3 de abril de 1978
Francisco C. Weffort

Primeira Parte

CAPÍTULO I

Política de massas*

O célebre slogan de Antonio Carlos em 1930 — "Façamos a revolução antes que o povo a faça" — constitui a divisa de todo o período histórico que se abre com aquele movimento e se encerra com o golpe de Estado de 1964. Por força da clássica antecipação das "elites", as massas populares permaneceram neste período (e permanecem ainda nos dias atuais) o parceiro-fantasma no jogo político. Foram a grande força que nunca chegou a participar diretamente dos grandes embates, sempre resolvidos entre os quadros políticos dos grupos dominantes, alguns dos quais reivindicando para si a interpretação legítima dos interesses populares. Em todas as crises, desde 1945, a intervenção do povo apareceu como possibilidade, mas o jogo dos parceiros reais consistiu em avaliar, tacitamente, a importância desta intervenção e em blefar sobre este cálculo. Ainda nos debates de 1963 sobre as reformas de base, por exemplo, todos — mesmo os mais radicais — comportavam-se como se esperassem encontrar uma "fórmula" que tornasse desnecessária aquela participação. Em país algum ter-se-á observado uma tão ansiosa busca de compromisso, até entre os grupos políticos mais antagônicos, que evitasse a radicalização do processo político e seu encaminhamento para soluções surpreendentes.

Às vésperas do golpe de Estado de 1964, mais de 30 anos após a revolução que derrubou a República Velha, era inegável, contu-

* Este artigo é uma versão modificada de um capítulo escrito em setembro de 1963. O texto atual toma por base o publicado na coletânea *Política e revolução social no Brasil,* organizada por Otavio Ianni para a Editora Civilização Brasileira, em 1965.

do, a marca do espírito oligárquico nas novas elites, repentinamente envelhecida ante a profundidade dos problemas que deveriam superá-la. Tornava-se evidente o esclerosamento dos quadros políticos diante do agigantamento do fantasma popular, esclerosamento que atingia mesmo aqueles que, adotando soluções reformistas, pretendiam revigorar a velha divisa de 1930. As margens de eficácia da tradicional política de compromissos reduziam-se drasticamente. Desde 1961, com a renúncia de Jânio Quadros à presidência, a crise política mostrava suas raízes sociais e econômica e os políticos viam-se ante o drama de perceber que nem tudo se resumia em "fórmulas" de acomodação. A urgência crescente de soluções radicais para os problemas postos pelo desenvolvimento do país deixavam bastante claro que alguns setores políticos deveriam ser sacrificados, e não poderiam ser compreendidos no desfecho que se prenuncia. Não obstante, desde 1961, o panorama permanecia essencialmente estático. Nenhum dos grupos políticos realmente pretendia, apesar de muito que se falava no Parlamento, tomar a iniciativa de abrir o processo de luta, inseguros todos eles sobre os resultados finais. A elite política encontrava-se, em conjunto e no essencial, paralisada. Para disfarçar sua importância real, imaginava "fórmulas", protelatórias e superficiais, de acomodação. O que não impedia a ocorrência de grandes batalhas no Parlamento: os reformistas mais radicais ameaçando com o povo, os reacionários mais impenitentes condenando *ex-ante* a "baderna" que deveria vir, sem que se soubesse como nem por ordem de quem.

A elite política esperava, talvez, uma solução providencial que a liberasse do pesado encargo de resolver qual o caminho a tomar. A solução veio em 1964, sob a forma de um golpe militar que rapidamente excluiu do processo político os setores reformistas. Excluiu depois, setor por setor, praticamente tudo o que restava da elite política formada nas condições criadas pela Revolução de 1930. Excluiu, inclusive, os setores políticos mais conservadores, alguns dos quais haviam apoiado o golpe (desde Juscelino Kubitschek até Carlos Lacerda).

As massas populares não fizeram a "baderna" temida pela direita nem saíram em defesa do governo Goulart, como esperavam as lideranças reformistas. Em abril de 1964, elas foram ainda uma vez o parceiro-fantasma no jogo político: em seu nome o reformismo e o governo formulavam sua política de reforma agrária e nacionalizações; por temor de sua ascensão política os conservadores e direitistas de todos os matizes uniram-se para a propaganda contra o governo e depois para a rápida adesão aos militares vitoriosos. Contudo, as massas populares, com exceção de algumas agitações esparsas no Rio de Janeiro no 1º de abril e de uma indecisa e malograda palavra de ordem do CGT por uma greve geral, estiveram praticamente ausentes.

Assinalemos desde já que determinar o caráter desta ausência envolve mais do que uma análise das circunstâncias que conduzem à queda do governo Goulart. Com a sua queda, inicia-se a quebra do regime anterior e se atinge a liquidação de toda a elite política; com a exclusão política das massas populares inicia-se a exclusão política de quase toda a sociedade civil. Basta por agora esta indicação para termos sugerido algo sobre o regime e sobre o quadro de relações de classe na política vigentes até 1964.

Cabe-nos, neste ensaio, a tentativa de uma análise de emergência das massas populares no quadro formado por estas relações sociais e políticas. Esperamos que deste exame resulte algo útil para entendermos sua ausência em 1964, bem como alguma indicação sobre as possibilidades de sua presença futura na história brasileira.

1. Povo e democracia

A crise institucional que se manifesta em toda a plenitude, desde a renúncia de Jânio Quadros, expressa-se, em verdade, em todas as crises que desde 1945 assinalaram a história política do Brasil. Por força das transformações sociais e econômicas que se associam ao desenvolvimento do capitalismo industrial e que assumem um ritmo mais intenso a partir de 1930, a democracia defronta-se — apenas começa a instaurar-se no pós-guerra — com a tarefa trágica de toda democracia burguesa: a incorporação das massas populares ao processo político. O crescimento das cidades e do proletariado lança à vida política amplos contingentes da população, e o processo de absorção das massas passa a constituir uma dimensão política essencial de novo período. Se conseguirmos, no exame dos acontecimentos, ir além das sugestões ilusórias do detalhe, encontraremos a pressão crescente das massas sobre a estrutura do Estado como uma das condições decisivas das crises desta fase.

Sob certos aspectos, pode-se dizer que a crise de poder, nunca tão manifesta como no governo Goulart, já está contida em germe na eleição do general Eurico Dutra, em 1945: candidato eminentemente conservador eleito, porém, com substancial ajuda do amplo prestígio popular de Getúlio Vargas. Temos aí uma solução de compromissos que não pode esconder as tensões que engendra e que se desenvolvem de maneira inevitável. Deste modo, podemos crer que Vargas, já em 1950, quando se elege presidente diretamente pelo voto popular, tocava o ponto essencial em comentário que teria feito sobre a designação de seu ministério: "Governo popular, ministério reacionário; por muito tempo ainda terá que ser assim".

Parece-nos desnecessário insistir sobre a importância das massas nesta fase da história brasileira, em que tem vigência uma constituição democrática. Diversos escritores, em particular os ideólogos do nacionalismo, fizeram-no o bastante para que a noção democrática do povo como substrato real do poder se tornasse, naquela época, um dado da consciência política brasileira. Os nacionalistas, em realidade, chegaram a ir mais longe, pois viram no povo a categoria essencial, a realidade básica de nossa história e estabeleceram, a partir daí, uma ideologia política e mesmo uma filosofia. Não pretendemos tanto e nem nos parece que a noção do povo seja fundamento sólido para tudo isto. Em verdade, a exaltação nacionalista do povo confunde, em vez de esclarecer, o sentido real da participação política das massas.

Comecemos, pois, por esclarecer que não é a redemocratização que vai provocar em 1945 a emergência política das massas. A importância das formas democráticas está em que legalizam, embora de maneira restrita, a possibilidade de que as insatisfações populares alcancem, com certa autonomia, o poder e interfiram em uma condição tão politicamente passiva como a que se observa no período da ditadura. Desde 1945, o povo pode influir — e efetivamente o faz, ainda que apenas indiretamente na composição de forças com as elites e em sua renovação. É alicerçado no grande prestígio popular construído durante a ditadura que Getúlio Vargas com uma das alavancas para sobrepor-se ao ostracismo a que fora lançado em 1945, de modo a influir na eleição de Eurico Dutra e, depois, voltar à presidência em 1950. Outro exemplo desta relativa autonomia popular no período democrático é a surpreendente eleição de Jânio Quadros para prefeito de São Paulo em 1953, quando cerca de 70% da população da cidade apoiando Quadros recusou a alternativa que lhe propunha o conjunto do sistema partidário apoiado pelo governo do Estado e pela Presidência da República.

Na interpretação do período que se abre em 1945, é preciso, portanto, não descuidar a importância do sufrágio. Por menos que se queira, este meio formal e limitado foi decisivo como forma de expressão política das massas populares.

Por certo, não se pode confundir povo com corpo eleitoral: a restrição do direito de voto aos alfabetizados afasta da atividade política (e em ampla medida elimina) a maioria da população adulta e a quase totalidade da população rural. Este fato, que constitui uma das mais clamorosas injustiças da democracia parcial instalada no pós-guerra, precisa ser adequadamente compreendido em seus efeitos políticos. De início, basta que nos lembremos da posição de relevo ocupada pelas discussões referentes à reforma agrária, para que percebamos que os problemas rurais constituíram em 1962 e 1963 exatamente o núcleo da luta política. Importa, porém, precisar a significação dada à questão agrária: a divisão do país — entre a cidade que cresce sob o impulso do desenvolvimento industrial e o campo, onde ainda se observa a predominância das estruturas decadentes do velho capitalismo voltado para produtos de exportação — constituía o problema fundamental das elites governantes. Celso Furtado define de maneira clara o aspecto político desta preocupação: tratar-se-ia de eliminar, por meio da incorporação das massas rurais ao processo democrático e às "vantagens do desenvolvimento", as condições que as tornam acessíveis à pregação revolucionária.[1] A preocupação com o campo tem também seu aspecto econômico e este talvez tenha sido mais importante. É de novo a Furtado, o mais influente economista do regime desde o governo Kubitschek, que devemos as idéias mais difundidas a respeito: tratar-se-ia de eliminar os obstáculos impostos pela estrutura agrária à expansão do capitalismo industrial pela reforma —, ou, quando menos, pela modernização agrícola —, da qual se esperava uma ampliação do mercado interno de produtos industriais e uma reorientação da produção agrícola com o objetivo de melhorar a oferta de alimentos nas cidades.

Contudo, a importância dada à questão agrária no debate político nos últimos anos do governo Goulart não deve nos levar ao equívoco de superestimar sua relevância real. De fato, a cidade tem-se constituído, desde 1945 quando menos, no centro básico da ação política. Os problemas rurais só têm conseguido expressão, tanto na perspectiva reformista quanto em qualquer outra, através dos problemas urbanos. O dimensionamento político reformista da questão agrária é batizado pelas dificuldades encontradas no processo de desenvolvimento do capitalismo industrial, do mesmo modo que as proposições revolucionárias sobre o campo são influenciadas pela natureza das insatisfações sociais urbanas. Desde a crise de 1929, que desarticulou o velho capitalismo agrário voltado para a exportação, e desde a Revolução de 1930, que rompeu a hegemonia das oligarquias rurais, a cidade vem progressivamente oferecendo as condições econômicas e políticas para a proposição do conjunto dos problemas do país. Nestas circunstâncias, as populações urbanas representariam no conjunto do povo o contingente politicamente decisivo.

Voltemos, pois, à questão do sufrágio como forma de expressão política. Se observarmos, ainda que rapidamente, as formas assumidas pela participação popular até 1964, perceberemos que os resultados concretos de alguns grupos para organizar as massas populares estão muito aquém do que pode resultar do simples uso do direito de voto. É desnecessário discorrer aqui sobre a manifesta incapacidade de penetração popular dos partidos. A opção eleitoral tem sido decisiva como meio de expressão, embora não envolva de modo profundo o conjunto da personalidade social e política do eleitor como membro de uma classe. Pelo contrário, na ausência de partidos eficientes, o sufrágio tende a transformar a relação política numa *relação entre indivíduos.*

Não obstante tenha crescido no período Goulart a importância política das organizações sindicais e estudantis, pesavam sobre elas limitações diversas. Anote-se, de início, que toda a atividade que conseguiram desenvolver restringiu-se quase sempre a setores minoritários dos agrupamentos sociais que representavam. Os sindicatos exemplificam claramente este fato: a minoria sindicalizada da classe aceita, em geral, a liderança dos companheiros mais eficientes na esfera sindical, mas isto não significa que aceite a orientação política correspondente. Ela distingue entre ação sindical e ação política, votando, por exemplo, em um comunista para dirigente do sindicato, mas, conforme ocorreu com a maioria da classe operária em 1960, que votou em Jânio Quadros para presidente embora os comunistas apoiassem outro candidato.[2]

As associações tendem a constituir-se não propriamente em fonte de poder político, mas em mecanismo que ajuda a estabelecer as condições que o fazem mais eficiente. Esta foi, essencialmente, a função das associações, inclusive as estudantis (as quais, porém, sofreram limitações ainda maiores, por se apoiarem em uma camada social em constante renovação e socialmente incapazes de definir objetivos políticos próprios). No que se refere à estrutura sindical, é fora de dúvida que, considerada em seu conjunto, ela se colocou como *intermediária entre o poder político e a classe*; pode-se mesmo dizer que, de maneira geral, ela representou a classe para reivindicações econômicas junto do poder e, por outro lado, representou (com menor êxito) o poder junto da classe para apelos políticos.

Sobre as organizações sindicais o que importa ter em conta é que, envolvidas na antiguidade do intermediário, dependem durante todo este período de um poder já constituído. Eis porque a influência do *getulismo*, do *janguismo* ou do *janismo* nos sindicatos oscila segundo o destino político de cada um desses líderes políticos. Essa falta de autonomia das organizações sindicais é apenas um aspecto da dependência política das organizações populares em geral (inclusive as partidárias), em face do poder constituído no Estado ou das regras de jogo ditadas pelos grupos no poder. Não se sabe de nenhum movimento popular de opinião (nacionalização do petróleo, carestia de vida etc.) que tenha conseguido manter uma posição de efetiva independência diante das políticas governamentais.

Para que qualquer movimento desse gênero tivesse êxito, seria necessário contar pelo menos com a complacência dos governos, senão mesmo com o apoio eventual de grupos vinculados aos governos. Isto que é verdadeiro para os movimentos de opinião é igualmente verdadeiro, no geral, para os surtos de greves que se observam de modo intermitente desde 1945, e que tendem a ocorrer exatamente quando a política governamental se orienta para uma flexibilidade maior em relação às reivindicações operárias.

Trata-se, com efeito, de uma situação em que a expressão política popular é, essencialmente, individualizada por meio do sufrágio (fenômeno que se associa a duas outras características da política brasileira, a hipertrofia dos executivos e o elevado grau de personalização do poder governamental). E podemos perceber facilmente que essa manifestação individualizada e desorganizada das massas pelo voto, se não depende, como ocorre em alto grau com as associações, de um governo particular já constituído, depende, porém, diretamente dos arranjos pré-eleitorais possíveis aos grupos dominantes e, em última instância, das formas institucionais que lhes são convenientes. De qualquer modo, há a ressaltar que a dependência política das associações e o sufrágio como meio básico de expressão popular constituem outros dois aspectos da incorporação das massas populares às estruturas políticas do capitalismo brasileiro em processo de desenvolvimento por meio da industrialização e da urbanização. Diferentemente das associações, porém, as massas não mantinham nem poderiam manter qualquer compromisso político específico com a elite, menos ainda com as instituições que esta pretendia preservar (e este desvinculamento é um dado central se temos em vista entender sua conduta durante o golpe militar). Em verdade, o desprestígio do Parlamento, por exemplo, era um fato bastante evidente desde há muito tempo. Do mesmo modo, era manifesto que a participação eleitoral das massas orientava-se predominantemente para os pleitos executivos: como diria Marx, o presidente "é o eleito da nação, e o ato de sua eleição é o trunfo que o povo soberano lança uma vez em cada quatro anos".

Com efeito, desde 1945, qualquer político que pretendia conquistar funções executivas com um mínimo de autonomia em relação aos grupos de interesse localizados no sistema partidário, deveria, embora de maneira parcial e mistificadora, prestar contas às massas eleitorais. Só este fato significa uma alteração substancial no processo político a partir do fim da ditadura e, talvez por permear toda a política quotidiana, tem sido, paradoxalmente, descuidado nas apreciações sobre a democracia brasileira até 1964. Em verdade, a simples circunstância de que político algum pode esquivar-se totalmente das expectativas populares, desvia de maneira radical aquele regime do Estado oligárquico anterior aos anos de 1930. A perplexidade amarga dos liberais vinculados às classes médias tradicionais diante da vitória de Getúlio Vargas em 1950 é muito elucidativa a respeito do caráter explosivo da emergência política das massas: "No dia 3 de outubro, no Rio de Janeiro, era meio milhão de miseráveis, analfabetos, mendigos famintos e andrajosos, espíritos recalcados e justamente ressentidos, indivíduos que se tornaram pelo abandono homens boçais, maus e vingativos, que desceram os morros embalados pela cantiga da demagogia berrada de janelas e automóveis, para votar na única esperança que lhes restava: naquele que se proclamava o pai dos pobres, o messias-charlatão..."[3]

A sensibilidade liberal tradicional foi imediatamente capaz de registrar a diferença política do período que se abre em 1945, e manifestou desde logo sua decepção ante uma democracia em que é preciso "cortejar as massas". O impopular moralismo tradicional exprime a repulsa contra o que se poderia chamar, de seu ponto de vista, de "popularização da corrupção". Nas palavras de um jornalista liberal que analisa as eleições de 1945, a explicação da derrota, que lamenta, de seu candidato estaria no que chama de "suborno coletivo": "(...) o voto secreto transfere o suborno do indivíduo para os grupos, as classes, os sistemas de interesse".[4] Desnecessário mencionar que nesta repulsa diante da democracia de massas está uma ponta de nostalgia dos tempos "austeros" da República Velha, quando o suborno e a corrupção eram apenas individuais.

O que se observa, porém, é que a democracia brasileira veio progressivamente deixando de ser a mera formalidade, como o fora antes de 1930, quando apenas consagrava os ajustes de interesses entre os grupos dominantes. Mesmo o moralismo tradicional é capaz de acentuar, embora de maneira deformada com "suborno coletivo", o traço diferencial do novo período: os interesses populares passam, a contar e o regime, de uma forma ou de outra, deve atendêlos. O voto secreto, a grande conquista da Revolução de 1930, só 15 anos depois começa a produzir seus frutos. É preciso não perder de vista o significado desta transformação: é a revolução democrática se realizando. Pobre revolução, comparada ao modelo europeu, mas não temos e não teremos outra. Diante dessa democracia que buscava raízes nas massas, a classe média tradicional desesperou-se. Marginal na Velha República, apoiada na grande propriedade da terra, marginal nesta democracia, que busca apoio nas massas — a classe média nunca encontrou o terreno adequado para a democracia, pura de suas pretensões aristocráticas.

Será talvez um pouco estranho atribuir influência, como o temos feito até aqui, às formas democráticas no Brasil. A democracia, como ideal de vida política, nunca chegou a ter, entre nós, condições propícias de difusão, e é difícil garantir que possua raízes sociais profundas. Ainda mais difícil é admitir que, no Brasil, o regime democrático possua a eficácia apregoada pelos norte-americanos como fórmula de equilíbrio e de controle social. A história brasileira desenvolveu nos políticos e no povo uma aguda sensibilidade em relação ao poder, uma consciência clara, fundada em inúmeras experiências, de que a política se resume em posições de força e em lutas de interesses. Todos sabem, os políticos e o povo, que as normas firmadas na Constituição só adquirem validade em virtude dos conteúdos particulares que assumem em cada caso, em razão dos interesses materiais que coincidem com elas em circunstâncias determinadas.

Não obstante, a democracia foi uma realidade no Brasil, tanto quanto pode ser real a democracia burguesa. Não, porém, no sentido formal da vigência imperativa de uma Constituição, mas no sentido de que as massas participaram do jogo político. Daí a relativa estabilidade do regime neste período, não obstante as rupturas eventuais da Constituição. Daí também a paralisia observada entre as elites políticas às vésperas de 1964: quanto mais fortes as dificuldades de composição entre os grupos politicamente dominantes e, portanto, quanto mais se desenvolve, em cada grupo, o anseio por golpes palacianos, mais claro fica que os golpes já não possuem condições de sucesso duradouro se não têm cobertura popular organizada ou, alternativamente, se não são capazes de alijar implacavelmente a massa popular do processo político. Por outro lado, as possibilidades de compromisso entre os grupos dominantes reduziram-se tanto que nenhum deles podia arriscar-se a apelar às massas, receosos todos de não poder conter o andamento do processo por meio de reajustes de cúpula. A elite reformista era provavelmente a mais afetada, imobilizada entre os impulsos contraditórios de buscar uma solução rápida com o golpe (que tentou com a proposta malograda de estado-de-sítio em outubro de 1963) e apelar às massas (o que tentou no comício de 13 de março de 1963, quando já era demasiado tarde). Enfim, o fantasma popular tem duas cabeças; é difícil para as elites confiar no povo...

Mas a democracia era real ainda em outro sentido. Neste contexto, as massas fazem mais do que participar. De fato, ao pressionar o poder, de certo modo o confirmam, legitimam-no; mobilizadas à sombra do poder, em especial por grupos da esquerda nacionalista, pode-se dizer que as massas populares ressentiam-se, do mesmo modo que as elites embora sob formas distintas, da paralisia que dominava a política oficial. Sua pressão sobre o Estado, que é crescente desde o início dos anos de 1950, jamais pode ir além da criação de formas crescentemente radicais de "oposições domésticas". Paradoxalmente, estas classes sociais e economicamente dominadas tornavam-se em alguma medida partícipes do grande compromisso social em que se apoiava o Estado. Ao pressionarem o poder por meio de grupos políticos vinculados às elites, fazem-no como se elas próprias estivessem representadas nele.

Faz-se necessário examinar mais de perto o sentido da participação popular por algumas de suas formas concretas de manifestação política: *a liderança de massas do tipo populista*, que se constituiu em uma das principais formas de imobilização política no período democrático, e o *nacionalismo*, ideologia que inspirou as linhas básicas da ação de diversas organizações de esquerda (principalmente o PC) e teve grande influência sobre os sindicatos e associações estudantis.

2. O povo no comício

O populismo manifesta-se já no fim da ditadura[5] e permanecerá uma constante no processo político até 1964. O que é o populismo? É curioso observar que a visão liberal oferece o conteúdo básico da noção usual sobre este fenômeno. Escrevendo sob o impacto do fracasso de seu partido nas eleições de 1945 um liberal anota os seguintes "conselhos" a quem pretenda êxito na política: "Evite por todos os meios obrigar o povo a refletir. A reflexão é um trabalho penoso a que o povo não está habituado. Dê-lhe sempre razão. Prometa-lhe tudo que ele pede e abrace-o quanto puder". Este solene desprezo pelas massas, esta incapacidade de entender um fato político adverso, são compreensíveis vindos de uma camada social decadente, cujo liberalismo perdeu sentido e cuja única alternativa é tornar-se caudatária dos interesses mais reacionários. Para esta camada social, em geral representada pela UDN, uma democracia com participação de massas nada pode significar, pois as massas, continua o nosso liberal amargurado, têm uma "irresistível tendência para o pulha".[6]

É surpreendente, porém, que mesmo os ideólogos do nacionalismo não consigam, apesar de suas proclamações de identificação com o povo, ir muito além dessa concepção liberal elitista forjada nos horizontes ideológicos da velha classe média brasileira. Definem, em geral, o populismo pelos seus aspectos exteriores — a demagogia, a emocionalidade, a verbiagem social etc. — e, especialmente, pela "ausência de ideologia". O populismo seria, então, mera exterioridade, fato político sem conteúdo. Não obstante, num sentido os liberais foram mais lúcidos. Enquanto se desesperavam, já em 1945, da democracia, ao vê-la emergindo associada ao populismo, os ideólogos nacionalistas podiam ter a satisfação ingênua de ver no populismo a infância de nossa democracia, uma fase já superada pelo ascensão do nacionalismo que inauguraria a fase da "política ideológica".

O nacionalismo constituiu-se, sem dúvida, a partir do governo Kubitschek, em centro de polarização ideológica. Ainda os grupos políticos cuja formação é anterior a este período, viram-se obrigados a tomadas de posição que, de uma ou de outra maneira, giravam em torno desta forma dominante de consciência social. Resultou que o nacionalismo não apenas se impôs a si próprio como ideologia, como obrigou a ideologização de quase todo o debate político. Não apenas exigiu o reconhecimento como ideologia dominante, mas também obrigou a explicitação das demais posições políticas. Constituindo-se no critério de balizamento de toda a situação brasileira foi também o principal critério ante o qual os diversos grupos políticos se definiram.

É curioso, porém, que a hegemonia ideológica do nacionalismo se tenha feito sentir em todas as direções menos uma: a do populismo dado como fato passado ou residual. A paixão nacionalista pelos esquemas ideológicos generalizou-se a tal ponto que a expressão "populismo" chegou praticamente a desaparecer do vocabulário político desta fase, dando a impressão de haver também desaparecido o fato que pretendia designar. O que se costumava ouvir à época, da parte dos nacionalistas, eram as inevitáveis censuras às elites por se recusarem a atender aos supostos reclamos de "política ideológica" (isto é, nacionalista) das massas. Nem mesmo a surpreendente vitória de um populista notório como Adhemar de Barros, nas eleições de 1962 para governador de São Paulo, derrotando aliás um outro populista tão notório como Jânio Quadros, conseguiu chamar a atenção para o problema. Não havia que se preocupar com formas políticas residuais. A profissão de fé (em torno das reformas de base ou da política externa que se proclamava independente) constituía a indicação mais freqüente para a avaliação das posições políticas. Perdera-se a antiga desconfiança para com as palavras, e as retumbantes proclamações adquiriam uma relevância que se pretendia fundamental.

A incapacidade nacionalista não apenas de entender o populismo, mas de reconhecer sua realidade atuante, levanta uma dúvida sobre a natureza do nacionalismo como ideologia. Recusando o sentido ideológico ao populismo, o que significa considerá-lo um fenômeno pré-político ou para-político, não estaria o nacionalismo revelando sua própria inconsistência como ideologia? Ao atirar o populismo para o passado, não estaria o nacionalismo tentando esconder suas afinidades de parentesco?

O populismo brasileiro, em qualquer de suas formas, só pode ser compreendido adequadamente como expressão política de interesses determinados de classe. Em verdade, as noções de *massa* e povo são demasiado abstratas para este fim, servem apenas para descrever os aspectos mais superficiais do populismo e não permitem conhecê-lo por inteiro. Bastam para uma caracterização formal do fenômeno como a que nos oferece uma análise da revista nacionalista *Cadernos do Nosso Tempo*. Aí estabelecem-se as seguintes condições gerais para o populismo: 1 — "massificação", provocada pela "proletarização" (de fato, mas não consciente) de amplas camadas de uma sociedade em desenvolvimento que desvincula os indivíduos de seus quadros sociais de origem e os reúne na "massa", "conglomerado multitudinário de indivíduos, relacionados entre si por uma sociabilidade periférica e mecânica"; 2 — perda da "representatividade" da "classe dirigente" — e, em conseqüência, de sua "exemplatidade" — que, assim, se transforma em "dominante", parasitária; 3 — aliadas estas duas condições à presença de um líder dotado de carisma de massas, teríamos todas as possibilidades para o populismo se constituir e alcançar ampla significação social.[7]

As insuficiências deste esquema, que não deixa de ser útil sob certos aspectos, são imediatamente compreensíveis: dado seu caráter essencialmente formal não temos como distinguir, por exemplo, entre o populismo de Vargas e o de Quadros, do mesmo modo que seríamos obrigados a catalogar sob o mesmo rótulo tipos de liderança de massas de conteúdos bastante diversos. A "massa", entendida como mero conglomerado, a "perda de exemplaridade", entendida como ineficácia dos padrões e valores estabelecidos pelas camadas dominantes etc. — trata-se aí de noções abstratas, independentes de qualquer vinculação histórico-social determinada, pretensamente adequadas a todo e qualquer tipo de formação social, supostamente válidas tanto para o estudo da política na Antiguidade quanto na moderna sociedade capitalista, assim como nos países dependentes da América Latina e também nos países imperialistas.

Em um de seus aspectos, o populismo brasileiro é, por certo, um fenômeno de massas. Mas, no sentido preciso de que classes sociais determinadas tomam, em dadas circunstâncias históricas, a aparência de massa. Faz-se necessário, com efeito, que amplos contingentes da população operária e pequeno-burguesa se encontrem em condição de disponibilidade política; ou seja, faz-se necessário, em países de formação agrária como o Brasil, que o desenvolvimento social em geral tenha conduzido, quando menos, a algum tipo de distinção efetiva entre a dimensão política e as demais dimensões presentes nas relações sociais. Esta condição mais geral do populismo como fenômeno político — ou seja, a necessidade de uma relação especificamente política entre os indivíduos e o poder, que no caso do populismo toma a forma de uma relação entre o poder, e uma massa de indivíduos politicamente isolados entre si — só pode ocorrer no sistema capitalista. Deste modo, ao mesmo tempo em que reconhecemos no populismo um fenômeno de massas, temos de especificar em cada uma de suas formas sua natureza política, o que conduzirá, necessariamente, a uma especificação de classe.

Distinguir a instância política é um pré-requisito importante no caso, exatamente porque o populismo não aparece como de natureza plenamente política. É característica geral da "sociedade de massas", e não apenas no Brasil, o obscurecimento da relação política ao mesmo tempo em que a torna fundamental. No caso brasileiro, e aparentemente também no caso argentino, esta tendência expressa-se na assimilação ou na redução do populismo a um tipo de relação social "pré-capitalista". Esta assimilação do populismo ao passado, na tentativa de tratá-lo como fenômeno residual, constitui o núcleo da interpretação corrente, tanto na versão nacionalista como na liberal. A primeira percebe-o como "não-ideológico", a segunda lamenta que as massas se orientem por "pessoas, não por idéias".

Seria, portanto, necessário, de início, estabelecer claramente as distinções entre o populismo e esta forma passada da história social brasileira que é o "coronelismo". O "coronelismo" é uma forma de relação de dominação que, como diz Victor Nunes Leal, "atua no reduzido cenário do governo local: seu *habitat* são os municípios do interior, o que equivale a dizer os municípios rurais".[8] Por conseqüência, o isolamento social da localidade semiurbana, acompanhado da rarefação do poder público, é fator importante na formação e manutenção do "coronelismo", que se caracteriza pela incursão do poder privado no domínio político; ou melhor, que "é dominado por uma relação de compromissos entre o poder privado decadente e o poder público fortalecido".[9]

Populismo e "coronelismo" assemelham-se num ponto: ambos incluem alguma forma de identificação pessoal na relação entre o chefe e a base. Trata-se, porém, no fundamental, de realidades sociais diferentes. O populismo é fenômeno das regiões atingidas pela intensificação do processo de urbanização. Estabelece suas raízes mais fortes em São Paulo, região de mais intenso desenvolvimento industrial no país. Deste modo, a relação líder/massa típica do populismo apenas formalmente se assemelha aos padrões tradicionais vigentes na velha sociedade agrária brasileira.

As diferenças são várias. No "coronelismo" as relações entre o senhor rural e a base (quase sempre seus empregados e dependentes) dão-se nos limites sociais e econômicos sob domínio do senhor rural; no populismo, a adesão da massa ao líder supõe, pelo contrário, que os indivíduos que a compõem são livres daquelas formas tradicionais de coerção social e econômica. No "coronelismo" as relações são quase políticas: a dependência eleitoral da base é apenas uma dimensão de sua dependência social em geral; no populismo, a relação política é freqüentemente a única. Enfim, o "coronelismo" expressa um compromisso entre o poder público e o poder privado do grande proprietário de terras; já *o populismo é, essencialmente, a exaltação do poder público, é o próprio Estado colocando-se por meio do líder, em contato direto com os indivíduos reunidos na massa.*

Não tem, portanto, qualquer sentido real identificar no populismo uma forma de "coronelismo urbano" ou tratar de limitá-lo, por força das eventuais analogias com tipos tradicionais de dominação, às lideranças de estilo patriarcal à maneira de Getúlio Vargas ou de Adhemar de Barros. O populismo foi um fenômeno político muito mais amplo na sociedade brasileira urbanizada e em transformação sob o impacto do desenvolvimento industrial. Faz-se necessário, portanto, indagar quais as posições e relações de classe que se encontram por trás desta manifestação política de massas.

Observe-se, primeiramente, que nem todas as situações de classe favorecem, de maneira típica, as formas de expressão de massas. Se observarmos as grandes linhas do desenvolvimento histórico capitalista, temos a evidência de que a burguesia e o proletariado, em especial este último, tendem a organizar racionalmente sua ação política e a colocar, de maneira clara, seus interesses de classe à luz do dia do debate político. Qualquer dessas duas classes essenciais ao sistema capitalista podem manifestar-se como massa, mas tendem sempre a expressar-se como classe e, ainda quando não o consigam, como ocorreu neste período histórico com o proletariado brasileiro, tendem a imprimir fortemente sua marca de classe na superfície amorfa da massa. A burguesia, embora tenha todo o interesse, por força de sua posição dominante, em mascarar a luta de classes, não pode furtar-se a ela pois, pelo fato mesmo de ser classe dominante, tende obrigatoriamente a propor, embora não o consiga essencialmente, dirigir o conjunto da vida social.

A pequena burguesia, porém, em qualquer de suas manifestações, tende à condição de massa. Da análise de Marx no *18 Brumário* sobre os camponeses franceses pode-se retirar uma orientação teórica definida em face deste problema: "Os pequenos camponeses constituem uma imensa massa, cujos membros vivem em condições semelhantes, mas sem estabelecerem relações multiformes entre si. Seu modo de produção os isola uns dos outros, em vez de criar entre eles um intercâmbio mútuo. (...) Na medida em que milhões de famílias camponesas vivem em condições econômicas que as separam umas das outras, e opõem o seu modo de vida, seus interesses e sua cultura aos das outras classes da sociedade, estes milhões constituem uma classe. Contudo, existe entre os pequenos camponeses apenas uma ligação local e a similitude de seus interesses não cria entre eles comunidade ou ligação nacional alguma, nem organização política, assim, não constituem uma classe. São conseqüentemente incapazes de fazer valer seu interesse de classe em seu próprio nome (...) Não podem representar-se, precisam ser representados. Ao mesmo tempo, seu representante tem que aparecer como seu senhor, como autoridade sobre eles, um poder governamental ilimitado que os protege das demais classes e que do alto lhes manda o sol ou a chuva".

A análise de Marx indica as condições *sociais* que engendram *em geral* a manifestação de uma classe como massa no cenário político. Na realidade, as condições de existência da pequena burguesia, não importa se rural ou urbana, oferecem o paradigma deste tipo de manifestação política: elas obstam, em vez de promover, a coesão de classes e a ação política comum. Para a pequena-burguesia, como diz Lukács, "uma plena consciência de sua situação lhes desvendaria a ausência de perspectivas de suas tentativas particularistas, ante necessidade da evolução". Assim, ela só encontra sua unidade de classe na luta política pela submissão a um senhor, a uma chefia que lhe é imposta pelas condições da luta política que, no fundamental, se move pelos interesses de outras classes. Ela só pode aparecer, manifestar-se como classe, no momento em que aparece como massa devotada a um chefe.

As análise que esboçamos a seguir não podem, evidentemente, servir a uma generalização que pretendesse descrever à maneira empiricista, a participação política das massas. Em primeiro lugar, essa participação não se limita a estas duas formas populistas que poderíamos designar como *espontâneas*. Uma análise da política nacionalista — que pretendemos esboçar na parte final deste ensaio — oferece provavelmente o ângulo mais adequado para que se entenda o conjunto da significação do populismo no processo político brasileiro. Entendemos, não obstante, que o janismo e o ademarismo são fatos estratégicos, pois expressaram, de maneira crua, elementos da ideologia popular que projetam com clareza os limites da consciência pequeno-burguesa que servem ao enquadramento do próprio nacionalismo. Em segundo lugar, é evidente que as condições de emergência do populismo de Adhemar de Barros e de Jânio Quadros são específicas de uma grande cidade industrial que ocupa posição única no Brasil. Não obstante, esta mesma particularidade de São Paulo, se por um lado, lhe retira o caráter de "caso" a partir do qual se possa generalizar, por outro lado, a transforma em elemento essencial do problema em foco: São Paulo, como se sabe, tem a discutível glória de ter projetado sobre o país as sombras de Adhemar de Barros e de Jânio Quadros do mesmo modo que foi a base fundamental de Getúlio Vargas em 1950. Exatamente por ser uma metrópole, ela se constitui em um "tipo extremo" para a análise da política de massas em regiões menos desenvolvidas do país.

Quem acompanhou a apuração dos resultados das eleições de 1962 em que se defrontaram Jânio Quadros e Adhemar de Barros como principais candidatos, já terá obtido uma indicação para a análise das raízes sociais dessas lideranças.[10] Barros foi muito mais votado no interior do Estado que na capital, e nesta atingiu especialmente os bairros populares mais centrais e antigos, atualmente de pequena densidade operária. Jânio Quadros, pelo contrário, foi menos votado no interior que na capital, e nesta venceu particularmente nos bairros da periferia, onde se concentra o grosso da população operária. Esta simples observação denuncia o caráter de classe das massas que seguiram os dois líderes populistas.

Barros venceu sobretudo nas regiões onde o operário constitui minoria ou é praticamente inexistente, com o apoio da grande massa pequeno-burguesa espalhada por todo o Estado e, embora em menor densidade, também pela capital. Não há como deixar de perceber o sentido que este apoio massivo assume nas circunstâncias políticas e eleitorais de 1962. Com o surto de desenvolvimento econômico que se intensificou em meados dos anos de 1950, bem com a maior agressividade adquirida pelo movimento sindical e pelo movimento popular em geral, configurou-se uma situação de ameaça à posição social dos amplos setores da pequena burguesia que Barros sempre mobilizou em São Paulo. À intranqüilidade social some-se a intranqüilidade política criada em todo o país após a eleição de Quadros em 1961 e ter-se-á completo o quadro.

Deste modo, a linha geral seguida pela propaganda eleitoral não é, de modo algum, um fruto do acaso. Na campanha de 1962, o ademarismo muda de sentido: o candidato já não se apresenta, como nas eleições passadas, como "progressista" e "realizador", mas com uma ênfase claramente conservadora apresentada pelos *slogans* de "paz e tranqüilidade". Por certo, as circunstâncias especificamente eleitorais tiveram sua influência. Jânio Quadros, o principal adversário, havia marcado seus períodos de governo por uma áspera impessoalidade, perseguira funcionários públicos, agitara problemas políticos etc., e os *slogans* pretenderam explicitamente opor a esta "política do ódio" uma "política do amor". É preciso notar, porém, que essa ridícula campanha de propaganda não é uma simples reação de oportunidade imaginada em função da tática contrária.

Devemos anotar, de início, que a oferta de uma política de "amor", "paz", "tranqüilidade", etc., ajusta-se perfeitamente à imagem patriarcal que Barros constituíra junto de sua massa eleitoral em seus primeiros governos. A tranqüilidade oferecida por um governo generoso é o outro lado das passadas facilidades de ascensão social que se associam na consciência do eleitor aos primeiros governos de Barros. O típico seguidor de Barros, da fase "progressista" ou da fase conservadora, vislumbra, certamente, por trás desta imagem patriarcal, um Estado assistencial, protetor, ao qual se possa recorrer em caso de dificuldades (e ainda por meio da corrupção), sem os impedimentos técnicos de uma burocracia racional e impessoal. O viver tranqüilo é uma aspiração permanente deste pequeno-burguês que, mesmo nos momentos de ascensão, busca assegurar garantias de estabilidade contra as perspectivas, obscuras mas inevitáveis, da decadência. Deste modo, a atividade filantrópica desenvolvida pela esposa de Barros sempre assumiu grande importância aos olhos desta massa, menos porque já os tenha servido em circunstâncias difíceis, do que por constituir a expressão do tipo de generosidade que imagina para o Estado.

A partir de meados dos anos de 1950, parece não haver dúvidas de que esses setores da pequena burguesia passaram a perder seu lugar no cenário social e político. E, em 1962, ainda mantinha nítida a lembrança de uma etapa em que a vida era mais fácil nos progressos do pequeno comércio e nos empregos fáceis do serviço público em processo de ampliação. É o período das famosas "realizações" de Barros (principalmente as obras públicas) que, bem ou mal, propiciaram alguns resultados ao pequeno negócio e beneficiaram-se politicamente da coincidência com a fase da guerra e do pós-guerra, que propiciou grande impulso à atividade industrial. A partir do governo Kubitschek, porém, reduziram-se progressivamente as possibilidades dos pequenos negócios, marginalizados pelas novas características do desenvolvimento à base de grandes capitais que penetram em todos os setores econômicos (inclusive o comércio) e afetados por um ritmo inflacionário que vai além de suas possibilidades de recuperação. Começa a aparecer a ameaça da proletarização que, no caso, significa decadência.

Barros conseguiu manter-se, apesar do duro ostracismo que sofreu depois de 1950, porque, de uma ou de outra forma, conseguiu manter as esperanças dessa massa. A importância da estrutura partidária em que se apoiava era, neste sentido, considerável. Contudo, a máquina populista, neste caso como em outros, retira sua força do poder do chefe e este lhe é conferido por um eleitorado que se manteve identificado com seu líder mesmo no infortúnio.

Os seguidores de Barros expressavam, sem dúvida, um profundo ressentimento social. Ainda em face das dificuldades sociais e econômicas, mantinham acesa a esperança da ascensão social. Mas figuravam-na de forma muito particular: a ascensão individual por intermédio das fissuras da estrutura social, concebida, à maneira tradicional, como fixa e rigidamente dividida em dois grandes conjuntos: os "pobres" e os "ricos". Sentiam-se marginais a estes dois grandes grupos e pressionados para baixo. Deste sentimento de marginalidade vem a possibilidade de o ademarismo impressionar inclusive camadas não-pequeno-burguesas. Os seguidores de Barros vêem-se como "desfavorecidos da sorte", inferiorizados em uma sociedade onde o privilégio seria atribuído por nascimento a uns poucos "ricos" e onde o Estado teria por funções facilitar-lhes o caminho da superação do infortúnio de um nascimento "pobre". Não há que estranhar que esta imagem do Estado tenha tido enorme êxito nos setores *lumpen* de todas as classes sociais: o outro lado desta imagem é a corrupção e, pelo menos neste sentido, pode-se dizer que Barros não decepcionou a *lumpen* burguesia que o acompanhava e os setores do *lumpen* proletariado que lhe foram sempre fiéis.

Essas amplas massas pequeno-burgueses não negam seu conservadorismo por manifestarem ressentimento ante sua condição social. Tendem, pelo contrário, a uma posição política conservadora, a uma expectativa típica de setor social marginal em face do poder que deve suprir os "desafortunados" e ajudá-los a ascender ou a manter posições nesta estrutura, sem afetar suas bases.

Poder-se-ia imaginar que esta forma conservadora e corrupta de populismo só se manteve à base de doações do poder, sendo movida então pela massa de interesses pessoais que estabeleciam com o poder uma relação quase econômica. Contudo, a persistência política de Barros, não obstante o ostracismo, sugere algo diferente disto. De fato, uma relação quase econômica deste gênero constituiu sempre uma expectativa para a maioria dos seguidores, um "ideal", antes que uma probabilidade concreta de desfrute. Ainda que atribuíssemos uma excepcional eficiência à máquina partidária de Barros ou à atividade filantrópica de sua esposa e ao assistencialismo do Estado nos períodos em que governou, ainda assim não poderíamos admitir senão uma minoria diretamente assistida. Neste sentido, não há nada de estranho em caracterizar o populismo de Barros como uma forma de "política ideológica" que expressa, em alguma medida, a especial condição de uma pequena burguesia de ascensão recente preocupada com a queda iminente.

A instabilidade típica das formas populistas de ideologia — como de todo e qualquer tipo de ideologia pequeno-burguesa — dificulta mas não impossibilita a análise. Os que não conseguem entender o populismo como "política ideológica" partem do equívoco, de resto sem qualquer fundamento teórico, de separar a ideologia, como forma de consciência social, da consciência individual e dos interesses individuais. É assim que os liberais e os ideólogos nacionalistas resumem o populismo: relações entre meros indivíduos, quase sempre afetivas e envolvendo uma ambição de desfrute pessoal tanto por parte das massas como dos líderes. Concebem então a ideologia apenas como consciência teórica, supra-individual, que já se apresenta elaborada aos indivíduos como um quadro de princípios para a ação e para o conhecimento. Em verdade, porém, ideologia e consciência individual, interesses individuais e interesses de classe, estão mutuamente imbricados em um só conjunto. Se o típico seguidor de Barros espera algo para si, como indivíduo, isto já o caracteriza social e ideologicamente, já o dispõe de maneira determinada para a ação política.

Não se pode, evidentemente, caracterizar a função desempenhada por um político no conjunto da sociedade apenas em termos de suas relações de massa. Isto depende de uma apreciação global do período histórico em que ele atua, o que não pretendemos fazer aqui. Contudo, pode-se asseverar que é difícil descartar os conteúdos que definem as relações do político com a massa. É preciso bem compreender, neste caso, a verdade da afirmação de que se conhece um indivíduo não pelo que ele diz ser mas por suas ligações reais, proposição tão mais significativa quando se tem em vista o estilo manifestamente individualista da política populista. As ligações reais do líder populista não são apenas as que mantêm com grupos econômicos e políticos de sua própria classe burguesa. Grupo burguês algum é capaz, por si próprio, de inventar um político de massas. As condições de existência das massas têm também seu papel nesta invenção.

É certo, porém, que o populismo implica, em qualquer de suas formas, uma traição à massa popular. Ainda quando tenha bases operárias mais ou menos amplas como nos casos de Vargas e de Quadros, o padrão típico da política permanece limitado aos horizontes da pequena burguesia. Deste modo, por limitar-se às formas pequeno-burguesas de ação, o populismo traz em si a inconsistência que conduz inevitavelmente à traição. Por limitar-se a essas formas, o populismo é, essencialmente, uma política de transição que conduz inevitavelmente, por meio do desenvolvimento capitalista, ao esmagamento da pequena burguesia pelos grandes capitais. Ainda quando esta aspira à conservação pura e simples, como ocorre com o ademarismo desta fase, ela não pode paralisar o processo histórico. Adhemar de Barros prometia uma tranqüilidade que era incapaz de garantir.

Na impotência histórica da pequena burguesia está a raiz da demagogia populista. Não obstante, o mais hipócrita dos populistas nunca pode ser totalmente infiel à sua massa; ele trairá, mas há limites para a traição além dos quais a imagem do líder começa a se dissolver. Esta é uma questão evidente no caso de Jânio Quadros: a sua renúncia em 1961 foi uma frustração imensa para seus seguidores e o deslize do líder não ficou impune.

É curioso observar que Jânio Quadros, não obstante o estilo político mais radical, expressava setores sociais mais estáveis que aqueles representados por Barros. Eram também mais otimistas em relação às condições de vida. Com efeito, de acordo com dados de um levantamento nosso sobre as eleições de 1962, observa-se que os seguidores de Barros tendiam a comparar a situação atual com o passado de forma pessimista, enquanto os janistas admitiam ter havido melhora nas condições de vida desde o pós-guerra.

Contudo, o otimismo dos janistas se combina com uma insatisfação de natureza mais profunda. São mais estáveis tendo em vista que, como operários e classe média assalariada, proletarizada ou em vias de proletarização, já não têm muito a perder com o desenvolvimento capitalista. Pelo contrário, na medida em que o sistema se desenvolve, eles sentem-se menos como pequena burguesia em crise de decadência do que como operários com situação estabilizada ou em ascensão. Neste sentido, chegaram ao limite da escala social urbana, seja decaindo como pequena burguesia que passa a viver do salário, seja ascendendo como homens de campo e do interior que engrossam as fileiras do proletariado.

Sua insatisfação é, pois, de outra qualidade. Não se voltam para o poder acalentando a esperança de proteção pessoal, mas de justiça, pois o que conta para eles já não é a expectativa de favores mas a capacidade de trabalho. A ideologia do janismo exprime, assim, uma mentalidade desencantada que encontra expressão nos ares de ascetismo rigoroso do líder, autoritário, implacável mas supostamente justo. Projeta, de certo modo, apesar do estilo carismático da liderança, a aspiração a um Estado impessoal, abstrato, que os seguidores típicos de Barros de modo algum podem conceber. Daí que o moralismo — principal nota aparente desta ideologia — tenha a intenção de limitação dos privilégios. O moralismo que se expressa em Quadros — em especial o de sua campanha de 1953 orientada pela divisa do "tostão contra o milhão" — é substancialmente popular: expressa setores sociais que já não podem partilhar a esperança de favores e facilidades pessoais, nem acalentar os mitos do patriarcalismo. Seu novo mito é a idéia de justiça, igualdade incondicional perante a lei.

Evidentemente, este moralismo é ambíguo em relação a seus efeitos políticos, e o líder moralista dos homens do "tostão" nunca viu impedimentos maiores em associar-se aos representantes, também moralistas, dos homens do "milhão". A raiz da ambigüidade está em que, não obstante sua insatisfação, essas massas são também as mais ajustadas ao desenvolvimento capitalista. Com efeito, seu radicalismo tal como se expressa em Quadros não é ainda capaz de romper plenamente com a consciência pequeno-burguesa. É um radicalismo residualmente individualista, com uma irada e confusa consciência de que já não há solução individual possível. É o resíduo pequeno-burguês, a última decepção, impulso essencialmente negativo, necessidade obscura de manifestar uma insatisfação social profunda cujas condições reais não são conhecidas e são mistificadas pela liderança populista de Quadros.

Daí o êxito da violência verbal de Quadros, das punições contra o funcionalismo público junto da massa equivocada na caracterização dos verdadeiros donos do poder. Trata-se de um radicalismo ainda de tipo pequeno-burguês que obscurece e mistifica um reformismo de tipo operário, circunstância que denota, e até certo ponto explica, a enorme ineficiência dos grupos de esquerda junto da classe operária de São Paulo.

Nesta ideologia equívoca, indecisa ainda entre seus conteúdos operários e pequeno-burgueses, está um dos sinais das ambigüidades políticas de Quadros e dos que o seguiram. As massas enquanto se integravam ao sistema do assalariado capitalista reivindicavam um Estado impessoal, mas quando se mostram incapazes de reconhecer sua condição real de classe, só encontram meios de se exprimir pelo carisma, ou seja, pela mais irracional das formas de manifestação política. Jogam toda a sua aspiração de mudança política em uma pessoa que imaginam dotada de um poder ilimitado. A ampla liberdade concedida à ação do líder lhe permite tergiversar sobre o moralismo popular e associar-se ao moralismo burguês, mas nem por isso ele deixa de prestar contas às aspirações populares de mudança. Em verdade, o pleno domínio do líder sobre a massa resulta neste caso em uma imensa responsabilidade: deve realizar objetivamente a política sóbria e realista de impor a lei de forma incondicional, mas com medidas violentas e muito pouco sóbrias. Até certo ponto de sua carreira, enquanto atuou no nível municipal ou estadual, Quadros conseguiu manter-se em relativo equilíbrio. Fracassou, porém, na presidência, único posto onde teria alguma chance real de cumprir algo de suas promessas: empossado em 1961 entre as forças contraditórias da política nacional, viu-se obrigado a renunciar seis meses depois de sua posse. De um carisma se espera milagres; sua renúncia teve eco pouco depois na sua derrota de 1962, quando tentaria retornar à sua base de poder na província.

Donde vem a força que a massa ilusoriamente atribui ao líder? Dela mesma, evidentemente. Quadros foi apenas uma expressão passageira do impulso popular, sua ideologia ambígua foi apenas a expressão mistificada e mistificadora das condições de existência do proletariado num momento determinado de sua formação como classe. Momento em que esteve imerso na atmosfera da ideologia pequeno-burguesa em todas as formas em que o populismo brasileiro a traduziu.

Esboçamos acima algumas hipóteses sobre formas ideológicas do populismo. Não pretendemos, por certo, coincidir com os pensamentos de cada seguidor de Barros ou de Quadros, mas apenas aprender os conteúdos típicos. É possível, além disso, que um estudo de detalhes pudesse alterar algumas de nossas considerações, embora não acreditemos que essas pudessem afetar a linha geral do argumento: *o populismo, nestas formas espontâneas, é sempre uma forma popular de exaltação de uma pessoa que aparece como a imagem desejada para o Estado.* É uma pobre ideologia que revela claramente a ausência total de perspectivas para o conjunto da sociedade. Não se poderia esperar mais de uma pequena burguesia que se assimila ao comportamento do *lumpen* e de um operário que se expressa de maneira pequeno-burguesa. A massa volta-se para o Estado e espera dele "o sol ou a chuva", ou seja, entrega-se de mãos atadas aos interesses dominantes.

A questão a colocar agora é a seguinte: oferecia o nacionalismo uma perspectiva diferente?

3. "O povo no governo"

Entre o populismo dos demagogos e o reformismo nacionalista de 1964 sempre existiram afinidades profundas de conteúdo. Opor essas duas formas ideológicas como o faziam os ideólogos nacionalistas — de um lado uma política não-ideológica apoiada em interesses menores e, de outro, uma política de princípios apoiada nos interesses gerais do povo — significaria meramente não compreender que interesses e princípios se trocam um no outro, significaria obscurecer o fato de que o nacionalismo sempre propôs como teoria para a esquerda brasileira as mesmas idéias confusas que os populistas propunham às massas na demagogia dos grandes comícios. A noção de *povo*, que todo populista gritava nos comícios e sobre a qual todo ideólogo dissertava em seus livros, era confusa e ambígua em ambos os casos, como era confusa e ambígua a situação das classes onde tinha suas origens.

Os ideólogos confundiram-se, e com eles grande parte da esquerda, com o eco das próprias palavras. Em que pese o fato de que o reformismo nacionalista falhou ainda antes de 1964 em muitos de seus objetivos, revelou-se de inegável influência. Pelo menos nos últimos anos do governo Goulart, foi uma ideologia dominante; na pior das hipóteses, teve a relevância que pode assumir uma *ideologia de substituição* num período de evidente crise de hegemonia das classes dominantes. Foi a única concepção de um programa para o conjunto da sociedade brasileira que alcançou ampla difusão e se constituiu em padrão de luta ideológica. Reivindicou ser não apenas a ideologia portadora das soluções efetivas dos problemas nacionais, mas também a perspectiva adequada de sua análise: não se pretendia apenas uma concepção tática para fazer frente às situações concretas, mas uma concepção global, estratégica, da sociedade brasileira.

Até que ponto, porém, o nacionalismo pôde manter de maneira efetiva suas ambições? A fragilidade de seus resultados práticos num período de enorme avanço imperialista sobre o país, é um dos indicadores mais claros de sua fragilidade como ideologia e como política. O equívoco original está na concepção do *povo*: os nacionalistas, mesmo os mais radicais, falaram sempre em nome do povo, em nome da comunidade nacional. Por certo nunca se propuseram, nem o poderiam, representar o povo atual, concreto, contraditório, pois isto seria levar a uma prática absurda a idéia inconsistente do povo-comunidade. Na prática que, bem ou mal, conseguiram desenvolver, a ideologia quase sempre embotou-lhes a percepção da nação dividida e em conflito. Deste modo, embevecidos dentro de sua própria armadilha ideológica, os nacionalistas puderam esconder de si próprios a dura realidade que gastava sua marginalização política em 1964.

Examinemos mais de perto as formas desta ideologia e suas conexões práticas. O discurso de posse de Miguel Arraes ao Governo do Estado de Pernambuco ("O Povo no Governo") é bastante elucidativo. Diz ele que a filosofia da revolução brasileira "deve e tem de ser um humanismo autenticamente brasileiro: humanismo que não decorra da assimilação de posições transplantadas, porém, que nasça do sofrimento de ver, de sentir, de viver intensamente o drama de querer ser e de ser brasileiro neste tempo".

Esta idéia é essencial e exprime as atividades práticas dos nacionalistas muito mais do que eles próprios poderiam imaginar. Nesta angustiada busca da especificidade histórica brasileira exprime-se o esforço político por realizar a mesma idéia mítica do povo-comunidade que aparece em todas as formas de populismo. Não vale a pena discorrer sobre o irracionalismo manifesto neste "sofrimento de ver, de sentir, de viver intensamente" etc.; isto não é muito mais que a transfiguração teórica do irracionalismo concreto que alimenta a demagogia de massas e que está presente em todas as formas personalistas de liderança.

Importa, porém, observar que nesta ilusão de pura comunidade do povo não há, nem pode haver, contradições antagônicas entre as classes. O povo é percebido essencialmente como um conglomerado de indivíduos que comungam este puro sentimento de "ser brasileiro". É certo que os políticos nacionalistas, enquanto puderam ter alguma eficácia, perceberam também que as coisas nunca foram tão simples. Não obstante, este foi um saber técnico que nada acrescentou à definição da estratégia nacionalista cujo núcleo se constituiu na idéia do povo-comunidade. Como diz Miguel Arraes, em seu discurso, "quando vejo alguém interessado, preliminarmente, em discutir a posição teórica, filosófica ou religiosa de A ou B, desconfio sempre que esse alguém está interessado em não resolver, e impedir que se resolva, qualquer problema concreto do povo". Desnecessário dizer que aí está a justificativa ideológica da prática nacionalista orientada pela busca constante do compromisso e pela preocupação de evitar a todo custo as situações de conflito.

Não há a menor dúvida de que os nacionalistas — do mesmo modo, aliás, que os líderes populistas, cada qual à sua maneira — tenham procurado defender os interesses das massas populares. Pode-se mesmo admitir que os nacionalistas terão sido, no período que estamos analisando, sua expressão política mais alta. Não obstante, não há dúvidas de que o nacionalismo obscureceu gravemente o sentido de classe da emergência política das massas, a formação do proletariado no bojo do desenvolvimento capitalista. E pagou por isto, como as próprias massas populares, com a fragorosa derrota de abril de 1964.

Pode-se sempre objetar que as insuficiências internas de uma ideologia não são o bastante para caracterizarmos suas insuficiências práticas. Seria possível inclusive admitir que as ideologias gozam de um estatuto privilegiado nos países subdesenvolvidos: os equívocos do nacionalismo como ideologia seriam apenas parciais e de interesse meramente acadêmico se, por exemplo, a realização econômica e social da idéia de nação, ou seja, a superação da condição semi-colonial do povo, conduzissem necessariamente ao socialismo. Neste caso, a noção de povo-comunidade já não seria abstrata e mistificadora, mas corresponderia a uma realidade semicolonial que se expressaria em forma revolucionária. Contudo, uma rápida indagação sobre os resultados práticos do nacionalismo brasileiro anteriores a 1964 sugere que não é este o caso. Se nos lembrarmos que desde 1950, com o governo Vargas, o nacionalismo vem se tornando uma espécie de ideologia oficial, constataremos, com surpresa, que seu único resultado de vulto é o monopólio estatal do petróleo. Por outro lado, desde 1955 — quando se inicia o governo Kubitschek e se instala no Ministério da Educação e Instituto Superior de Estudos Brasileiros (ISEB) — que foi a mais importante agência ideológica do nacionalismo até 1964 — registra-se a entrada do maior volume de capital estrangeiro já verificado na história do país. O governo combinou sabiamente a pregação ideológica com uma prática discrepante senão contraditória. Por sua vez, os nacionalistas radicais, fora do governo, optaram pela tática de apoiar o setor progressista dentro do governo e de combater o setor reacionário, forma equívoca de apoiar, embora com reservas, o governo como um todo. O esquema se repete no governo Goulart, pelo menos até fins de 1963.

Faz-se necessário salientar, ao lado das semelhanças, as diferenças entre nacionalismo e populismo. Como expressão espontânea da emergência das massas, o populismo traduz, de maneira imediata, as aspirações populares nas diversas regiões onde o processo de urbanização se intensifica. Jânio Quadros foi a expressão mais completa desta espontaneidade pois, tendo sido o único político de estatura nacional desligado do sistema partidário, foi igualmente o tipo acabado do pequeno demagogo, limitado às fronteiras de um bairro ou de uma cidade. Sua surpreendente vitória eleitoral no município de São Paulo, em 1953, antecipa a significação espontaneísta de sua vitória para a presidência em 1960. Esta já havia sido, de algum modo, preparada pelos muitos pequenos demagogos de bairro ou cidade em todo o país. Os pequenos demagogos, dando algum tipo de expressão à insatisfação popular em sua localidade, como o fizera o próprio Quadros em 1953, prepararam o terreno, ainda quando não o sabiam, para a emergência de um líder nacional.

Nessa característica espontânea da liderança populista está um dos aspectos da extraordinária significação da política local de algumas metrópoles como São Paulo e Rio de Janeiro. Por outro lado, encontraremos neste espontaneísmo a raiz do equívoco de certos nacionalistas radicais que tentaram apresentar a demagogia populista vitoriosa com Quadros, em 1960, como uma revolução simplesmente porque ela pôde atingir as massas desde uma grande cidade como São Paulo até localidades menores, onde o pequeno demagogo local traduz e mistifica a insatisfação popular.

O reformismo nacionalista foi também espontaneísta, porém em forma mais elaborada. Diferentemente do populismo, expressão tópica da ascensão das massas e de sua incorporação ao regime, o nacionalismo foi a sua expressão global e emerge, portanto, diretamente do Estado. Ele corresponde, neste período que se inicia, com o Segundo Governo Vargas, a grupos políticos, tecnocráticos e militares situados no aparelho do Estado ou diretamente associados a ele e que tratam de definir uma estratégia *para o Estado* em face dos problemas criados ou enfrentados pelo desenvolvimento industrial e urbano do país. *A ideologia nasce, pois, dentro do Estado* ou em associação com ele, embora pretendendo traduzir os interesses gerais de todo o povo. A política nacionalista expiou de várias formas o pecado original da ideologia.

A manifesta incapacidade nacionalista de levar à prática o conjunto de sua política explica-se de dois modos, até certo ponto contraditórios: falta de uma liderança pessoal forte capaz de estabelecer hegemonia sobre as demais e falta de organização partidária. O nacionalismo nunca possuiu uma única liderança que expressaria de forma dita "não ideológica" a idéia da comunidade do povo, nem o partido (ou partidos) que a expressariam de maneira dita "ideológica". Como movimento ideológico, o nacionalismo nunca passou do estágio de atmosfera que se expandia à custa da ambigüidade e da indefinição social.

Essa incapacidade de organização ou de liderança era evidente em particular no setor radical do movimento. O populismo mais refinado e menos eficiente esteve sempre organicamente desvinculado das classes populares. Girou quase sempre à volta do Governo Federal, como "oposição doméstica", pois se desligar de maneira definitiva deste patrocínio significaria a queda na sua condição real de marginais ao processo político real.

Com efeito, é possível falar, mesmo com referência aos setores mais radicais, de uma espécie de obsessão nacionalista pelo Estado. A interpretação nacionalista da vitória eleitoral de Quadros em 1960 constitui um exemplo. Em análise que obteve ampla aceitação entre os nacionalistas de esquerda da época, um autor interpretava o êxito eleitoral de Quadros como uma "revolução pelo voto"; teria sido a consagração da "política ideológica" supostamente reivindicada pelas massas, que teriam visto em Quadros uma significação revolucionária não obstante seus reconhecidos "desvios". Mas a análise peca pelo formalismo: resume-se em atribuir ao candidato vitorioso a significação revolucionária que se atribui dogmaticamente a toda e qualquer manifestação das massas. Essa interpretação não apenas desconsidera a natureza populista da vitória de Quadros como nem mesmo se coloca este problema básico de entender por que o movimento nacionalista esteve contra Quadros durante as eleições. A massa — cujas aspirações os nacionalistas supunham interpretar — surpreendeu-os legitimando um outro "intérprete" e, por meio dele, legitimando um novo governo. O curto período de seis meses reservado a Quadros na Presidência assistiu à perplexidade nacionalista ante a escolha popular e à ambigüidade política que conduziria inevitavelmente à adesão. "Todo o poder emana do povo..." — fiquemos, pois, sempre com o poder e estaremos sempre com o povo.

Colocado permanentemente à sombra do poder — como o período Goulart demonstrará amplamente — o movimento nunca foi, porém, bastante conseqüente em seu irracionalismo para colocar-se diretamente sob a tutela de *um chefe*. Seus líderes, Brizola,

Arraes, Julião ou Almino, sempre se limitaram a regiões, como os dois primeiros, ou a funções parciais como os dois últimos. Esta insuficiência de liderança se explica, em parte, pelo fato de que, desde que o nacionalismo se estabelece como ideologia formal, ele inevitavelmente restringe a ação das lideranças pessoais. Enfim, quando o líder populista se transforma em símbolo da ideologia, vê limitadas as plenas condições de sua liderança pessoal.

Nas formas espontâneas do populismo, a massa vê na pessoa do líder o projeto do Estado; abandona-se a ele, entrega-se à sua direção e, em grande medida, ao seu arbítrio; o controle direto que exerce sobre o líder não executa racionalmente pela análise política das suas ações concretas. A massa confia no líder e cabe a ele manter esta confiança. Qualquer ação discrepante pode avariar a imagem que legitima seu poder e se ele pode restabelecê-la; isto se deve menos às explicações racionais que possa oferecer que às novas ações que possam restabelecer a confiança.

Nascido no âmbito do Estado, o nacionalismo tornou-se um populismo teórico. Presos a uma ideologia formal, os nacionalistas não percebem que no populismo é o líder quem efetiva a ideologia com ações que se transfiguram em princípios. Dependentes do Estado ou de quem detenha o poder no Estado, os nacionalistas pagam com a ineficiência pela ambigüidade de sua ideologia: irracionalismo sob forma racional.

Por outro lado, diferentemente de outras ideologias, o populismo nacionalista não estimula a organização partidária. Baseando-se em vinculações muito difusas com as massas populares, não fala nunca a nenhuma classe determinada mas sempre ao "povo". A idéia de povo-comunidade exige a prática do compromisso político além do que é razoável para quem pretenda criar uma organização politicamente individualizada. Desprovidos de organização, os nacionalistas se obrigam a orientar-se por sua própria sensibilidade pessoal quanto ao andamento do processo político, o que leva sempre a uma sobrevalorização do meramente circunstancial e aparente e, por mais esta razão, a uma prática que tende sempre ao oportunismo.

Desarmada pela própria ideologia e sem qualquer ligação profunda com as massas populares, os nacionalistas, desde o governo Kubitschek, sempre se colocaram como "força auxiliar" do

Governo Federal. E sempre de forma equívoca: incapazes de aderir plenamente e incapazes de se opor de maneira efetiva. Tendo em conta os muitos "desvios" de Kubitschek e de Goulart, o apoio se fazia quase sempre com ressalvas; mas nunca puderam romper definitivamente com nenhum dos dois. Ficaram sempre a meio caminho, pois nunca possuíram raízes populares bastante fortes para se manterem fora da sombra do Estado, e porque nunca puderam resistir ao fascínio reformista que a proximidade do governo estimula. Sua grande esperança era a de avantajar-se como representantes da "atmosfera" ideológica que os governos estimulavam para mascarar o sentido real de sua política.

Em resumo, *o nacionalismo foi pouco mais que uma forma pequeno-burguesa de consagração do Estado.* Não nos referimos aqui aos governos de Vargas, Kubitschek, Goulart ou qualquer outro, *mas ao Estado como realidade no sistema capitalista brasileiro*: expressão da "democracia de todo o povo" e, ao mesmo tempo, expressão do poder burguês.

Com o populismo nacionalista chegou ao fim a revolução democrática iniciada nos anos de 1930 e contida desde aquela época entre os limites contraditórios de promover a participação popular e de assegurar o poder burguês. Nos últimos anos do governo Goulart, esta contradição básica aproximava-se perigosamente de uma explosão. Embora desordenadamente, o crescimento da participação popular ameaçava atingir nos anos de 1962 e 1963 as próprias bases do poder com as grandes greves operárias, as invasões de propriedades agrárias e os primeiros sinais de insubordinação nas Forças Armadas. Os grupos dominantes têm uma resposta clássica para situações deste tipo e ela aplicou-se ao caso brasileiro: se a democracia ameaça o poder, elimine-se a democracia.

Os nacionalistas, e o conjunto da esquerda predominantemente influenciada por eles, fecharam os olhos à natureza real do conflito e agarraram-se firmemente à sua própria mitologia. Confiantes em que o *povo* estava a seu lado jogaram todas as suas esperanças no *Estado*. É preciso entender claramente a possibilidade real deste notável equívoco. Em circunstâncias deste tipo, o Estado pode tornar-se com efeito um mito poderoso. É a expressão política dos interesses da classe dominante, mas pretende também ser expressão dos interesses gerais da sociedade. Esta ambigüidade — ser expressão da dominação econômica da classe burguesa e aparecer como representação de todo o povo — é constitutiva da realidade do Estado em qualquer sociedade capitalista.

Na ótica pequeno-burguesa do populismo nacionalista as intenções de *representação geral* do Estado obscureceram completamente sua realidade como *instrumento de dominação.* E a mitificação foi tão longe que a grande premissa de sua estratégia política nos últimos anos do governo Goulart foram, por mais estranha que pareça, exatamente os militares. Ou seja, colocaram no setor do Estado encarregado de preservá-lo a "esperança" de garantir a estratégia que chamavam revolucionária.

Os nacionalistas, e com eles o conjunto da esquerda brasileira, não apenas se fascinaram pelo Estado como tal, mas também pelos seus traços oligárquicos. Deixaram-se fascinar também pela sistemática oligárquica dos arranjos e compromissos dentro do Parlamento e do jogo dos partidos dominantes. Sobretudo, tentaram representar as massas jogando oligarquicamente acima delas, e assim prepararam sua própria "traição" pelas massas. Incapazes de organizar com autonomia os movimentos populares e mantendo com as massas um vínculo unilateral de intenção, perderam toda independência real perante o jogo entre os grupos dominantes.

O fascínio diante do Estado, no qual punham todas as esperanças, não permitiu aos nacionalistas perceber que o Estado, tal como estava estruturado, já não era capaz de nenhuma ação. Estava de fato paralisado diante da crise vivida pelo país, equilibrado pela impotência dos grupos que o compunham. O Estado "de todo o povo" estava imobilizado pelo equilíbrio da expressão política das contradições dentro da sociedade que supunha representar.

Estava claro que aquele equilíbrio de forças contraditórias era insustentável. Contudo, todos pareciam esperar que a Providência lhes designasse o caminho a tomar: os partidos dominantes foram incapazes de oferecer qualquer alternativa, do mesmo modo que os nacionalistas contaminados pelo estilo oligárquico das elites ou o conjunto da esquerda enveredado no reformismo nacionalista. O desenvolvimento histórico posterior a 1930 havia constituído, por meio do populismo de Vargas e de seus herdeiros, a figura do moderno Estado brasileiro. Mas esta se encontrava inacabada, imperfeita, pois o fato de que o Estado do período populista se tornasse acessível aos diversos grupos sociais evidenciava que o povo não era uma comunidade mas um conjunto de contradições. Quanto mais diretamente o Estado brasileiro pretendeu representar o conjunto da sociedade, menos ele se realizou como Estado e mais como expressão de tensões em desenvolvimento.

Esta forma peculiar de revolução democrática-burguesa, que se realizou por meio do populismo e do nacionalismo, só poderia estar concluída com o seu próprio desmascaramento. Com o golpe de 1964, o Estado projetou-se sobre o conjunto da sociedade e parece dirigi-la soberanamente. Esta transformação da imediata representação contraditória do povo é o ponto de chegada da evolução histórica anterior e o começo de uma nova etapa. Necessariamente, porém, as massas populares não têm participação neste Estado que, assim, desvenda sua verdadeira natureza de classe.

Notas

1. Furtado, Celso, "Reflexões sobre a pré-revolução Brasileira", *Revista Brasileira de Ciências Sociais,* mar. 1962, v. 2, n. 1.
2. Nas eleições presidenciais em 1960, o PC e o conjunto da esquerda apoiaram o general Henrique Lott, ministro da Guerra no governo Kubitschek. Lott foi lançado candidato pela coligação PSD-PTB e fez uma campanha de cunho nacionalista.
3. A citação é retirada de nota editorial da revista *Anhembi*, n. 1, v. 1, dez. 1950.
4. Rubens do Amaral, *O Estado de S. Paulo*, 8/12/1945.
5. A primeira forma de manifestação populista de massas — no estilo que será dominante no período democrático e que difere das grandes manifestações em geral comemorativas ou festivas do período ditatorial foi o "queremismo", designação derivada do *slogan* ("nós *queremos* Getúlio") do movimento de opinião organizado por Vargas no fim da ditadura. É da mesma época o movimento da "Constituinte com Getúlio", do qual participou o PC.
6. Plínio Barreto. *O Estado de S. Paulo*, 26/1/1947.
7. Cf. *Cadernos do Nosso Tempo.* n. 2, 1954.
8. Nunes Leal, V., *Coronelismo, enxada e voto,* ed. do autor, p. 181.
9. *Op. cit.,* p. 122.
10. Uma análise das eleições de 1962, poderá ser encontrada em meu artigo sobre "As raízes sociais do populismo em São Paulo", *Revista Civilização Brasileira,* n. 2, 1965.

CAPÍTULO II

Estado e massas no Brasil*

O profundo abalo sofrido pela economia de exportação com a crise de 1929 e com a depressão dos anos de 1930 abre, no Brasil, as condições sociopolíticas iniciais para o processo de democratização do Estado. Com efeito, a Revolução de 1930 é o ponto de partida de uma nova fase na história brasileira, em que se assiste a um complexo desenvolvimento histórico-político cujos traços dominantes são as tendências de liquidação do Estado oligárquico, alicerçado em uma estrutura social à base da grande propriedade agrária voltada para o mercado externo, e de formação de um Estado democrático, apoiado principalmente nas massas populares urbanas e nos setores sociais ligados à industrialização. Tem início, nesta época, a transição que poderia ser designada, nos termos da tipologia de Germani,[1] como a passagem de uma "democracia com participação limitada" a uma "democracia com participação ampliada".[2]

Certamente, o período que se estende de 1945 (fim da ditadura Vargas e início da redemocratização) até à queda do governo Goulart realiza nitidamente as tendências e forças políticas que compõem as grandes coordenadas daquele processo. Por se tratar de um período de ampla liberdade de expressão, o analista pode aprender com maior clareza a configuração de poder e suas tensões internas. Trata-se, ademais, de uma situação em que aquelas forças e tendências amadureceram plenamente e chegaram ao limite

* Versão modificada do artigo publicado na *Revista Civilização Brasileira,* n. 7, 1965.

de suas possibilidades de manifestação com a série de crises que termina em abril de 1964.

Não obstante, parece-nos necessário propor esta tentativa de caracterização sociológica da dinâmica da estrutura de poder, nos quadros da grande configuração histórica que se abre com a Revolução de 1930. Esta historização do processo de democratização do Estado afigura-se-nos essencial para apreendermos seu sentido e seus limites, pois com freqüência a análise sociológica deste tema, orientada pelo "modelo ocidental", supõe como necessário o que é apenas possível e, deste modo, vai além do que o permite a circunstância histórica brasileira.

Como observa Celso Furtado, a decadência da economia de exportação, como simples reflexo da decadência dos estímulos externos, não conduz a um conflito aberto entre os setores urbanos aptos à industrialização e os setores tradicionais. A desagregação da economia cafeeira, na década de 1930, resultando da conjunção da crise nos mercados mundiais e da superprodução interna, permitirá a renovação da cúpula dirigente, baseada nos interesses exclusivistas do café, com elementos novos menos vinculados aos setores de exportação (Rio Grande do Sul). Começa, então, uma política realista (distinta da tradicional política da valorização do café) que cria condições para a instalação do capitalismo industrial por meio da transferência para o conjunto da população dos prejuízos da economia cafeeira, defendendo assim o nível de emprego em condições de declínio da capacidade de importar. Esta conjunção de fatores cria circunstâncias favoráveis aos investimentos ligados ao mercado interno e à economia brasileira, que passa a não depender exclusivamente dos impulsos externos.

Esta análise caracteriza, com nitidez, um fato de profunda importância para a compreensão do processo histórico brasileiro tanto no plano econômico como nos planos social e político: a condição de marginalidade e de dependência econômicas do processo de industrialização em relação à estrutura agrária tradicional.[3]

Faz-se necessário acrescentar, para esclarecer a significação que captamos na análise de Celso Furtado, que esta marginalidade como fato econômico é vista de tal forma que os fatores econômicos aparecem, a um tempo, como condição e como resultado. Com efeito, a condição econômica da decadência dos estímulos externos opera sobre o processo de industrialização por meio de uma estrutura de poder constituída de tal modo que permite uma política realista de defesa do café, por intermédio da defesa do nível de emprego. Deste modo, esta caracterização histórica da economia brasileira (histórica no sentido de que a análise opera a um tempo nos níveis econômico, social e político para apreender as coordenadas básicas de uma configuração concreta) parece-nos constituir o ponto de partida para a indagação sobre a estrutura do Estado no Brasil. Com efeito, a pergunta sugerida pela análise de Furtado nos conduz diretamente ao nosso tema: sabendo-se que a crise da economia cafeeira não conduziu a um conflito aberto entre os interesses industrialistas e os setores tradicionais (como está suposto no "modelo ocidental"), sabendo-se ademais que a marginalidade do processo de industrialização sugere, ao contrário, tensões limitadas por uma solução de compromisso — que tipo de estrutura de poder político poderia propiciar, desde a Revolução de 1930, a industrialização que se verificou no Brasil nas décadas posteriores?

Encontramos nas classes médias urbanas os grupos mais importantes que pressionaram a derrubada da oligarquia. Dessas camadas — constituídas na maior parte por funcionários públicos, militares, empregados em serviços e profissionais liberais — saem os líderes mais radicais (em geral militares, os tenentes) dos movimentos da década de 1920. Constituem também o setor dominante da opinião pública, que dirigem para a realização das aspirações liberais-democráticas (particularmente o voto secreto). Situados em particular nas grandes cidades e, portanto, fora da esfera de influência direta do "coronelismo" que dominava as áreas rurais e os pequenos municípios, esses setores se constituíram na base de movimentos inconformistas contra a estrutura de poder baseada nos interesses agrários, em particular os do café.

Deste modo, a Revolução de 1930 aparece como o ponto culminante da pressão política desses grupos urbanos. Não obstante, este acontecimento produziu-se em tais condições que não permitiram aos setores médios a realização, a partir da crise do regime oligárquico, de um regime democrático coerente com suas aspirações liberais.

Em verdade, as classes médias tradicionais brasileiras, como parece ocorrer na maioria dos países latino-americanos, não possuíam condições sociais e econômicas que lhes permitissem uma ação política autônoma em face dos interesses vinculados à grande propriedade agrária. Diferentemente da velha classe média americana, não tinham embasamento social e econômico na pequena propriedade independente, mas em atividades subsidiárias (Estado e serviços) da estrutura social de grande propriedade. Esses setores nunca conseguiram (por força de sua situação de dependência, neste contexto em que a grande propriedade é o padrão social e econômico dominante) definir uma atividade política plenamente radical. Nunca conseguiram, por um lado, formular uma ideologia adequada à situação brasileira, isto é, uma visão ou um programa para o conjunto da sociedade brasileira; adotaram os princípios da democracia liberal que, nas linhas gerais, constituem o horizonte ideológico dos setores agrários. Ademais, suas ações nunca puderam superar radicalmente e com eficácia os limites institucionais definidos pelos grupos dominantes; empreendidas em geral por militares jovens e das quais a Coluna Prestes é o exemplo mais brilhante, suas ações mais radicais tendem, por força de um desespero social, à negação romântica da sociedade estabelecida e perdem toda eficiência. Quando ganham em eficiência perdem em radicalismo, pois aquela só subsiste nos quadros institucionais definidos por uma estrutura social e econômica da qual esses setores são, em definitivo, dependentes e com a qual são solidários, enquanto conseguem ser realistas na ação.

Assim, esses setores médios, se se constituíram na grande força de opinião que conduz à profunda crise do regime oligárquico em 1930, não possuíram condições para negar de maneira radical e eficaz o quadro institucional, mas apenas conseguiram redefinir suas relações com ele.[4]

A Revolução de 30 denuncia, em vários aspectos, este compromisso fundamental entre os setores urbanos e os grupos agrários dominantes. E a natureza deste compromisso está implícita na célebre frase de Antônio Carlos, chefe do governo do Estado de Minas Gerais, representante de um dos mais fortes setores agrários e um dos chefes da revolução: "Façamos a revolução antes que o povo a faça". Poder-se-ia dizer, com efeito, que em 1930 certos setores agrários se anteciparam aos setores urbanos e definiram os limites de ação desses últimos.

Não obstante, rompido o equilíbrio do regime oligárquico, assentado no eixo estabelecido entre os Estados de São Paulo (sob o impacto da crise do café) e Minas Gerais, com a adesão deste ao governo do Rio Grande do Sul (Getúlio Vargas), de resto também vinculados aos grupos tradicionais, impõe-se a necessidade de uma nova estruturação do poder. O velho esquema assentado basicamente nos interesses cafeeiros já não encontrava condições de viabilidade.

As condições em que se processa a revolução — levada avante por um tácito compromisso entre as classes médias sem autonomia política e setores tradicionais menos vinculados à exportação — não conseguem estabelecer solidamente as bases do novo poder. Observamos, com efeito, que nenhuma dessas duas grandes forças possui condições reais para se constituir nos fundamentos de uma nova estrutura de Estado. Conseguem deslocar a representação política dos interesses cafeeiros, mas não podem negar o fato de que o café ainda é a base decisiva da economia.

Encontramo-nos, pois, diante da seguinte situação: os senhores do poder político não representam diretamente os grupos que dominam as esferas básicas da economia. Isto significa que a nova configuração do poder possui uma diferença fundamental em relação à antiga: já não é a expressão imediata da hierarquia do poder econômico. Introduz-se, assim, uma decalagem entre o Estado e a economia. Em outros termos: admitida uma diferença de ênfase entre a oligarquia e o Estado no que se refere à expressão política dos interesses particulares de um grupo (mais forte na primeira que no segundo) e à expressão política dos interesses sociais gerais (mais fortes no segundo que na primeira), entramos na fase de formação do Estado e de liquidação dos interesses oligárquicos.

Com efeito, encontramos uma situação em que nenhum dos grupos (classes médias, setor cafeeiro, setores agrários menos vinculados à exportação) detém com exclusividade o poder político. Esta circunstância de compromisso abre a possibilidade de um Estado entendido como um órgão (político) que tende a se afastar dos interesses imediatos e a sobrepor-se ao conjunto da sociedade como soberano.

Não obstante, o compromisso não legitima o Estado e este não subsiste sem legitimidade. Pode-se dizer que mesmo na oligarquia se observa uma solução de compromisso de que tomam parte os mesmos grupos e que tem como base os interesses cafeeiros. Neste caso, porém, a legitimidade acha-se limitada pelos horizontes políticos abertos por estes interesses. Depois de 1930, contudo, estabelece-se uma solução de compromisso de novo tipo, em que nenhum dos grupos participantes do poder (direta ou indiretamente) pode oferecer as bases da legitimidade do Estado: as classes médias, porque não possuem autonomia política perante os interesses tradicionais em geral; os interesses cafeeiros, porque foram deslocados do poder político sob o peso da crise econômica; os setores menos vinculados à exportação, porque não se encontram vinculados aos centros básicos da economia. Em nenhum desses casos, os interesses sociais e econômicos particulares podem servir de base para a expressão política dos interesses gerais.

Nessas condições, aparece na história brasileira um novo personagem: as massas populares urbanas. É a única fonte de legitimidade possível ao novo Estado brasileiro. O mecanismo pelo qual as massas conseguem assumir tal papel histórico revela-se com toda a clareza depois da redemocratização do país. Não obstante, as condições políticas que tornam possível esse mecanismo já estão pronunciadas na crise institucional que se abre em 1930.

Com efeito, as formas concretas da aquisição e preservação do poder passam a ser um fato de importância decisiva, quando nenhum dos grupos econômicos dominantes pode oferecer uma base sólida para o Estado e quando as classes médias não encontram condições sociais e econômicas para instalar um regime democrático pluralista. A Revolução de 1930 havia liquidado com o sistema de acesso ao poder pelo recrutamento no interior das famílias e grupos econômicos tradicionais, que vinham possibilitando à oligarquia sua auto-renovação.

Desse modo, o poder conquistado pelos revolucionários nos quadros de um compromisso só encontraria condições de persistência na medida em que se tornasse *receptivo às aspirações populares,* e quando as pessoas que o exercessem, fossem capazes de conseguir uma liberdade relativa diante dos grupos dominantes e ampliassem a esfera de compromisso, introduzindo nele uma nova força passível de submeter-se à sua manipulação exclusiva.

Aparece, assim, o "fantasma do povo" na história política brasileira, que será manipulado soberanamente por Getúlio Vargas durante 15 anos. Com Getúlio, o Estado criará uma estrutura sindical que controlará durante todas as décadas posteriores, "doará" uma legislação trabalhista para as cidades (atendendo à pressão das massas urbanas, que manipula, sem molestar os interesses do latifúndio), estabelecerá, por intermédio dos órgãos oficiais de propaganda, a ideologia do "pai dos pobres". Enfim, legalizará a "questão social", ou seja, reconhecerá para as massas o direito de formularem reivindicações.

Firmando seu prestígio nas massas urbanas, Getúlio estabelece *o poder do Estado como instituição, e esse começa a ser uma categoria decisiva na sociedade brasileira.* Relativamente independente desta, com mecanismos de manipulação passa a impor-se como instituição, inclusive aos grupos economicamente dominantes.

O Estado não deixa, porém, de ser a solução de compromisso e de equilíbrio entre aqueles grupos. Contudo, como pode se legitimar com o apoio das massas, encontra naquele compromisso uma nova fonte de poder; passa à condição de árbitro que decide em nome dos interesses nacionais. Encontra, portanto, a possibilidade de formular uma política econômica e social — muitas vezes contraditória e descontínua, pois atende ao inevitável jogo das pressões dos interesses imediatos dos grupos dominantes (como se observa na política de defesa do café) — que possui uma significação histórica que sobrepassa essas circunstâncias.

O substrato social desta significação histórica dá-se nos mecanismos de aquisição e preservação do poder, que, em última instância, oferecem os suportes da legitimidade do Estado. Necessitados do apoio das massas urbanas, os detentores do poder se vêem obrigados a decidir, no jogo dos interesses, pelas alternativas que se enquadram nas linhas de menor resistência ou de maior apoio popular. Nessas circunstâncias, é às vezes difícil saber, diante de uma decisão particular do Estado (por exemplo, a legislação trabalhista), se ela corresponde, primariamente, a uma política deliberada ou se é meramente uma decisão útil para ampliar as bases do poder.

O Estado encontrará, assim, condições de se abrir a todos os tipos de pressões sem se subordinar, exclusivamente, aos objetivos imediatos de qualquer delas. Em outros termos: já não é uma oligarquia. Não é também o Estado tal como se forma na tradição ocidental. É um certo tipo de Estado de massas, expressão da prolongada crise agrária, da dependência dos setores médios urbanos e da pressão popular.

1. Autoritarismo e democracia

No período ditatorial, a soberania do Estado sobre os diferentes setores sociais é óbvia. É evidente, em uma ditadura, a capacidade que possui o Estado de legitimar-se nas massas por meio da manipulação, de fazer doações às massas ou aos grupos econômicos, de arbitrar entre estes grupos, e, portanto, de manipulá-los também. É evidente, além disso, que nos papéis de manipulador, doador ou árbitro, o detentor do poder procura, por todos os meios, preservar o seu domínio, realizando sempre uma política realista entre as pressões dos grupos e sua necessidade de apoio popular.

A pergunta que se poderia colocar seria a seguinte: a queda da ditadura Vargas em 1945 e a redemocratização do país não teriam alterado substancialmente as condições políticas a fim de tornar possível um regime pluralista? Não teriam, deste modo, criado condições para a minimização da soberania do Estado (que se confundia na ditadura com o poder pessoal de Vargas) em relação à sociedade?

Essas questões, às quais a experiência histórica responde de forma negativa, têm contudo alguma procedência, pois a queda de Vargas é acompanhada da formação do novo sistema partidário brasileiro. Mais do que isto, a queda da ditadura, concomitante com o fim da guerra contra o fascismo com o qual era confundida, parecia significar o fim do fascismo no Brasil e unia, portanto, amplos setores urbanos. Parecia significar o início da verdadeira democracia brasileira, sonho acalentado desde a década de 1920 pelas classes médias urbanas.[5]

Não obstante, a redemocratização revelou-se uma definitiva frustração para os setores médios tradicionais. A jovem democracia brasileira terá como fundamento a massa e, como chefes, os líderes populistas. Como afirma Touraine, observa-se no Brasil uma *democratisation par voie autoritaire*.[6]

O período posterior a 1930 é também quando ganham intensidade os processos de industrialização e de urbanização. Assim, após 1945, a presença das massas urbanas na política torna-se um fato muito mais importante do que se poderia pressentir sob a ditadura. Deste modo, as lideranças populistas aparecem com importância em todos os pleitos nacionais: Gaspar Dutra conquistará, em 1946, a presidência apoiado no prestígio popular de Getúlio e nos dois partidos a ele vinculados: PSD e PTB; o ditador deposto se elegerá em 1950 com notável maioria de votos; Juscelino Kubitschek vencerá em 1954 apoiado no esquema PSD-PTB; Jânio Quadros derrotará este esquema em 1960; enfim, João Goulart, discípulo dileto de Getúlio, será eleito vice-presidente em 1954 e, em 1961, conquistará a presidência após a renúncia de Quadros.

Portanto, a nova democracia brasileira difere radicalmente do modelo registrado na tradição ocidental. E a diferença mais notável está em que nesta democracia de massas, o Estado apresenta-se de maneira direta a todos os cidadãos. Todas as organizações importantes que se apresentam como mediação entre o Estado e os indivíduos são, em verdade, antes anexos do próprio Estado que órgãos efetivamente autônomos. Os sindicatos mantêm ainda hoje com o aparelho estatal as vinculações que este estabeleceu durante a ditadura; estas não são só administrativas mas também políticas, e são um dos elementos que explicam a falta de proteção ou, pelo menos, a omissão interessada do Governo Federal. Como afirma Touraine, a organização sindical é "menos um instrumento nas mãos da classe operária, que a expressão de uma participação indireta e involuntária no poder".[7]

O sistema partidário, por outro lado, tem suas bases nos dois agrupamentos PSD e PTB criados por Getúlio e, em larga medida, são dependentes do seu prestígio pessoal. Nasceu, ao fim da ditadura, como expressão do compromisso que a sustentou: o primeiro deveria dar expressão política aos setores conservadores vinculados à atividade agrária, e consegue, com efeito, manter o domínio das áreas rurais por muitos anos, à base da política de clientela; o segundo deveria dar expressão às massas trabalhadoras urbanas. Nascidos do poder, e a ele sempre vinculados (com exceção dos seis meses de Jânio), dois grupos convertem-se, particularmente o PSD, em partidos de patronagem.

Na liderança populista observa-se fenômeno semelhante nas relações entre o chefe e os indivíduos que compõem a massa que o segue. Adhemar de Barros cria um novo partido (PSP), sobre o qual tem inteiro domínio desde 1947, e depende, essencialmente, do seu prestígio popular e de suas posições de poder. Do mesmo modo que Getúlio, este chefe populista vê no partido pouco mais que um quadro para a administração do seu poder pessoal. Jânio Quadros, por sua vez, não chega a estabelecer o mais mínimo compromisso permanente com qualquer estrutura partidária. Este líder de ascensão meteórica na política brasileira evidencia, em nível extremo, a natureza do processo democrático que se abre em 1945. Elege-se em 1953 para a Prefeitura de São Paulo apoiado quase exclusivamente em seu estilo carismático e contra todo o sistema partidário, inclusive contra os seguidores de Getúlio e Adhemar. E sua participação eleitoral usa os partidos (secundários eleitoralmente) basicamente como legenda (pleitos para a Prefeitura e para o Governo de São Paulo) ou como aliado eventual (pleito para a Presidência da República em que se alia à UDN).

Neste quadro político, em que o Estado, por meio dos líderes populistas, se põe em contato direto com as massas, não há lugar de destaque para as ideologias. Os aspectos decisivos da luta política — as formas de aquisição e preservação do poder — estão vinculados a uma luta entre personalidades. Nessas condições, o nacionalismo passa a ser significativo politicamente quando o Governo Federal (particularmente na Presidência Kubitschek) encampa-o como cobertura ideológica do "desenvolvimentismo". Aparece, pois, em coerência com o quadro geral, como uma forma de consagração do Estado, uma transfiguração teórica do populismo.[8]

Nesta democracia, em que a raiz efetiva do poder é a massa, estamos longe do tipo descrito por Tocqueville a partir de suas observações sobre os Estados Unidos do século XIX. Do mesmo modo, estamos distantes do modelo apresentado por Lipset. Pode-se então propor a pergunta: em que consistem e como se explicam estas diferenças? Ou melhor: em que consiste e como se explica a democracia brasileira?

Se vemos na massificação um processo de atomização destes grandes conjuntos sociais, as classes — que no passado, em especial na Europa, se caracterizaram por uma forte solidariedade interna e por uma consciência social própria perante a sociedade global —, deveríamos admitir que no Brasil, como em outros países subdesenvolvidos, assistimos a um processo de massificação "prematura" ou mesmo, em muitos casos, "antecipada". A massificação no Brasil não significa, basicamente, a pulverização de classes portadoras de uma tradição política e ideológica, mas a ascensão à vida urbana e ao processo político das camadas populares do interior e do campo. Desse modo, não significa a dissolução da lealdade grupal de setores já integrados ao processo industrial, com a ampliação de suas possibilidades de consumo e das técnicas de manipulação, mas conduz, primariamente, à dissolução dos vínculos de lealdade aos padrões tradicionais vigentes nas áreas rurais.

Talvez essa especificidade da situação de massas no Brasil seja melhor compreendida quando temos em conta a acentuada desproporção entre os processos de urbanização e de industrialização.[9] Com efeito, o crescimento das cidades não se associa apenas ao desenvolvimento industrial, nem este é, possivelmente, o principal fator. Se excluímos a Grande São Paulo, onde se concentra o grosso da capacidade industrial brasileira, poderemos perceber com nitidez que os antigos móveis da urbanização continuam atuando: crescimento do aparelho do Estado (atividades civis e militares), atividades comerciais e do setor de serviços ligados à exportação. Além destes fatores, deve-se ter em conta, como importante impulso para o crescimento das cidades, a pressão criada pelas péssimas condições da vida rural.

Nestas condições, apenas uma parte dos emigrados pode-se integrar nas atividades industriais como operários, os quais ocupam uma posição privilegiada relativamente ao conjunto das massas populares urbanas do país. Assim, as condições gerais de existência das massas urbanas, embora superiores às condições de existência das massas rurais, são efetivamente insatisfatórias. De modo algum se pode estabelecer alguma semelhança importante entre essas massas e as massas "satisfeitas" dos países avançados. O parâmetro básico para compreendermos o comportamento político destas massas não é a abundância mas a escassez.

As condições sociais insatisfatórias associam-se, em seus efeitos políticos, a outro aspecto importante para que se compreenda o processo de massificação. A passagem do campo à cidade, ou do interior à cidade grande, significa o primeiro passo para a conversão do indivíduo em cidadão politicamente ativo e para a dissolução dos padrões tradicionais de submissão aos potentados rurais. Com efeito, as grandes cidades brasileiras funcionam como caixa de ressonância de todo o processo político nacional. Nelas aparecem os grandes líderes populares e as correntes de opinião politicamente decisivas. Isto significa que o processo de urbanização coloca amplos setores da população do país em situação de disponibilidade política.

Deste modo, enquanto nas sociedades industriais se observa uma crescente despolitização das massas populares, aqui o processo é exatamente o inverso. Nas sociedades avançadas, as formas tradicionais da política popular à base de situações de classe foram perdendo importância à medida que cresciam as possibilidades de consumo das camadas populares. No Brasil, observa-se um processo bastante diferente.

Da análise constante do capítulo anterior sobre a política de massas no Brasil, acreditamos poder retirar algumas indicações sugestivas para a interpretação política do processo de massificação:

1) a pressão popular sobre o Estado é marcada pela insatisfação, mesmo quando se tratam de setores relativamente integrados ao processo de desenvolvimento econômico;

2) esta insatisfação é manipulada pelos líderes populistas e pelo Estado;

3) a "situação de massas" tende a dissolver os vínculos com os padrões tradicionais e a obscurecer a consciência de classe. Não obstante, esta "situação de massas" e suas formas políticas não são, de modo algum, independentes de posições determinadas de classe; apesar de as manifestações políticas de massas negarem essas posi-

ções de classes, observa-se no caso Jânio Quadros assim como em Adhemar de Barros que, de fato, constituem expressões políticas possíveis, num dado contexto concreto, de posições determinadas de classe; 4) deste modo, a manipulação da massa pelos líderes populistas ou pelo Estado encontra seus limites nestas posições de classe. Desde que o líder (ou o Estado) encontre-se impossibilitado de oferecer algum grau de satisfação às aspirações sociais concretas (embora nem sempre conscientes) derivadas destas posições de classe, sua imagem popular começa a se diluir perante a massa, embora nada tenha a ver, aparentemente, com aquelas aspirações.

2. Estado: mito e compromisso

A continuidade da democracia de massas desde 1945 até a queda de Goulart se deve à persistência, em seus aspectos básicos, das condições estruturais que passam a se configurar a partir de 1930. Segundo as análises de Celso Furtado, o processo de industrialização, embora se tenha intensificado na década de 1950, não foi capaz de adquirir autonomia perante os influxos do mercado externo.[10] Por outro lado, conforme esclarece Fernando Henrique Cardoso, o próprio desenvolvimento industrial passa a depender crescen-temente de capitais estrangeiros, não se criando uma camada empresarial capaz de formular uma política autônoma em relação a esses interesses.[11]

> "Em síntese, podemos afirmar que o processo de formação de um capitalismo industrial, no Brasil, encontrou obstáculos de natureza estrutural, cuja superação parece impraticável dentro do presente marco institucional e pelos meios a que estão afeitas as classes dirigentes. Tanto no que respeita ao setor externo como aos setores agrícola e fiscal, existem óbvias contradições entre a forma em que tende a operar a economia nas condições presentes e os requisitos necessários para a manutenção de uma elevada taxa de investimento. Somente o advento de fatores imprevisíveis, como uma brusca melhora nos termos de intercâmbio, poderia modificar por algum tempo as atuais tendências".

Deste modo, vê-se frustrada a única possibilidade de superação de compromissos que, desde 1930, caracterizaria a estrutura de poder, pois os novos empresários são incapazes de fornecer bases próprias para a legitimidade do Estado.

Torna-se então, mais visível a existência de uma fórmula de transação entre os grupos dominantes e ainda mais evidente a pressão das massas sobre a estrutura institucional. Configura-se, então, uma situação singular: todos os grupos, inclusive as massas populares mobilizadas, participam direta ou indiretamente do poder; não obstante, como nenhum deles possui a hegemonia, todos o vêem como uma entidade superior, do qual esperam solução para todos os problemas.[12] Esta situação de dependência dos diferentes grupos em relação ao Estado é uma realidade desde a crise final da oligarquia. Agora, porém, quando o processo de industrialização chega aos limites de sua coexistência com os setores "arcaicos" da sociedade, crescem em todos os setores as expectativas em relação às possíveis ações do Estado. Contudo, conforme esclarece Celso Furtado, a expressão política desta situação de conflitos potenciais não se faz diretamente, com lutas abertas entre os setores industriais e os setores agrários tradicionais. A tensão não pode vir à luz, pois o desenvolvimento industrial acompanha um crescimento dos setores mais anacrônicos da economia tradicional, a agricultura para o mercado interno, e esta, por sua vez, identifica seus interesses, no debate político, com os interesses gerais da agricultura.[13]

Nessas condições, em que nenhum dos grupos dominantes é capaz de oferecer as bases para uma política de reformas, as massas populares aparecem novamente como a única força capaz de dar sustentação a esta política e ao próprio Estado. Entretanto, a nova situação propõe problemas mais difíceis. Enquanto nas décadas anteriores, a ação dos detentores do poder não ia muito além de optar, pelo jogo de interesses particularistas, pelas linhas de menor resistência popular, impõe-se agora ao Estado a necessidade de sobrepor-se, efetivamente, a este jogo de interesses e de planejar, em nome dos interesses nacionais, a reforma das estruturas. Visto que no período anterior, o processo político construiu, por meio do populismo combinado com a relativa incapacidade política dos grupos dominantes, a imagem de um Estado soberano, agora se impõe a este Estado provar a realidade de sua soberania.

Se temos em conta a natureza da participação política das massas populares, perceberemos que se impõem graves limitações a este intento de afirmação da soberania do Estado e de sua política de reformas. Com efeito, as massas são a base da legitimidade do Estado mas, nesta mesma medida, não podem desenvolver uma ação política autônoma. Em outros termos: são a raiz efetiva do poder, mas nesta mesma condição, não passam de "massa de manobra". Conferem legitimidade a um chefe populista (e, por intermédio dele, ao Estado) pois servem de instrumento para a aquisição e preservação do poder, o que é particularmente útil quando nenhum dos grupos dominantes possui condições hegemônicas sobre os demais.

Isto significa que as massas só podem servir de base para a legitimidade do Estado quando ainda permanece possível o compromisso entre os grupos dominantes. Assim, a gravidade da situação, desde a renúncia de Quadros (1961), está em que se revela inconsistente a estrutura de compromisso. Já não se verifica entre os grupos em confronto esta relativa comunhão de interesses que vinha permitindo aos detentores do poder revelarem-se sensíveis às insatisfações populares. Na medida em que se reduz o âmbito do compromisso entre os grupos dominantes, ou seja, exatamente nas circunstâncias em que se impõe ao Estado provar a realidade de sua soberania, reduzem-se também as condições que lhe vinham permitindo manipular as massas e, portanto, preservar e ampliar as bases do seu efetivo domínio.

Exatamente nessas condições, as organizações populares de esquerda passam a exigir do governo uma ação política pautada em critérios explicitamente ideológicos. Ganha importância política o nacionalismo, o qual tem como ponto de partida a idéia de que o povo é uma comunidade (minimizando deste modo as distinções de classe) e orienta-se para o Estado como a única possibilidade de solução para os problemas estruturais. Esta transfiguração ideológica do populismo conduz a uma alteração nas relações usuais de manipulação entre o governo e as massas populares. Visto que sob o populismo — forma espontânea de expressão da ascensão política das massas — o detentor do poder detém igualmente as iniciativas no que se refere à manifestação política das aspirações populares e se orienta por uma política realista cujos limites são definidos pelo compromisso entre os grupos dominantes; sob a inspiração do nacionalismo — que traduz em nível ideológico a pressão popular — o governo se sente cada vez mais impulsionado a uma ação que, em médio ou longo prazo, conduz à liquidação da expressão política de certos setores conservadores agrários. Em outros termos, a política deixa de ser "realista" e pretende ser, de fato, uma política de interesse nacional.

Com isto, não pretendemos afirmar que a política reformista do governo Goulart seja "desinteressada". Nas marchas e contramarchas da orientação governamental ficava nítido que o reformismo era, a um tempo, uma ideologia e uma técnica de preservação e de ampliação do poder. Ademais, o governo não podia estabelecer claramente estas diferenças nas situações concretas, pois o reformismo era concebido num quadro ideológico de consagração do Estado como a única possibilidade de solução dos problemas sociais e econômicos e, por outro lado, sabia-se que algum tipo de reforma da estrutura de poder se fazia necessária, senão indispensável, para levar avante o programa de mudanças.

Toda a complexidade da situação política brasileira desde a renúncia de Jânio Quadros até a queda de João Goulart parece-nos estar essencialmente contida nesta conjunção de fatores: agravam-se os problemas estruturais e, como nenhum dos grupos dominantes exerce a hegemonia, todos se voltam para o Estado concebido como entidade independente à espera de suas iniciativas. No entanto, este se encontra praticamente paralisado, pois reduzem-se cada vez mais as margens de compromisso entre os grupos que o pressionam; em conseqüência, diminui também a possibilidade de que o populismo, por meio da manipulação, continue atuando como agente dinamizador da estrutura política; assim, a pressão popular se torna cada vez mais ideológica, alterando-se deste modo o esquema tradicional de manipulação.

Nestas circunstâncias, em que os detentores do poder já não possuem condições de dinamizar o processo político com ações concretas, reserva-se à ideologia uma função importante. Por um lado, o nacionalismo, além de oferecer cobertura à ineficácia prática do Estado, instaura como realidade política o mito de um Estado democrático de todo o povo, como algo independente das diferenciações sociais de classe. As ações do governo assim como as das organizações políticas populares passam a orientar-se cada vez mais pela crença em um Estado superior e soberano, capaz de esmagar qualquer possibilidade de reação dos grupos conservadores. Por outro lado, estes grupos (não apenas os setores agrários mas também os empresários industriais) igualmente mitificam o Estado como revolucionário, opondo-se-lhe radicalmente.

Ainda é cedo para definirmos para que caminho se orienta o processo político brasileiro depois da queda de Goulart. Não obstante, talvez seja possível concluir, à luz da análise anterior, que chega ao fim, com a ascensão dos militares, o processo de democratização do Estado por meio do populismo. Isto não significa dizer que estão cortadas em definitivo as possibilidades de que as pressões se façam sentir no poder. Significa, porém, que já não subsistem condições para que a pressão popular mantenha sob sua forma espontânea a mesma eficácia que possuía. Com efeito, o novo poder instaurado pelos militares parece marcar o fim do mito de um Estado democrático de todo o povo e, deste modo, assinala um ponto de inflexão na história política brasileira.

Notas

1. Germani, G., *Politica y sociedad em una epoca de transición,* Ed. Paidos, Buenos Aires (Argentina).
2. Nossa preocupação é propor um esquema preliminar para a análise deste problema. Ainda se encontram em elaboração, no Brasil, os trabalhos sobre os quais se possa chegar a um tratamento mais concreto deste tema (referimonos, em particular, aos estudos, em andamento, de Paula Beiguelman e de Octavio Ianni, respectivamente sobre a República Velha (1889-1930) e sobre a natureza das intervenções do Estado sobre a economia). Com efeito, é ainda muito recente o interesse dos sociólogos brasileiros pela estrutura de poder nacional, como tema específico de análise. Deste modo, as análises globais disponíveis sobre o Estado brasileiro são marcadas freqüentemente por uma acentuada intenção normativa que limita em demasia os horizontes do conhecimento concreto (pensamos particularmente nos trabalhos de Hélio Jaguaribe e de Guerreiro Ramos). Assim, não é surpreendente que as sugestões mais ricas para a interpretação sociológica do Estado não se encontrem em estudos especializados, mas apareçam, de maneira relativamente marginal, no movimento de análises dirigidas aos temas do desenvolvimento econômico, da industrialização e da urbanização, problemas esses que mais

têm atraído o interesse dos estudiosos brasileiros. Deste modo, desejamos fazer aqui uma referência especial a dois livros recentes (nos quais nossa análise apóia-se amplamente): *Dialética do desenvolvimento*, de Celso Furtado (Editora Fundo de Cultura, Brasil, 1964) e *Empresário industrial e desenvolvimento econômico*, de Fernando Henrique Cardoso (Difusão Européia do Livro, Brasil, 1964). Além desses trabalhos, é bastante sugestivo o balanço crítico feito por Alain Touraine dos estudos brasileiros sobre consciência de classe e movimento operário, em *Industrialisation et conscience ouvrière à São Paulo* (Sociologie du Travail, 4/61).

3. Furtado, C., *op. cit.*, segunda parte, cap. 2.1. Do ponto de vista econômico, o processo de industrialização aparece limitado pelas estruturas tradicionais principalmente no que se refere à possibilidade de criar um mercado interno, como também com relação à capacidade para importar.

4. É possível que uma análise histórica detalhada do período que termina em 1930 venha a evidenciar a veracidade, para o caso brasileiro, de um dos aspectos importantes do tipo "democracia com participação limitada", elaborado por Germani com pretensões de adequação para todas as situações de subdesenvolvimento. Com efeito, talvez se possa caracterizar estes setores médios que terminam por levar a oligarquia à crise como um dos fatores sociais decisivos para a estabilidade que o regime oligárquico demonstrou possuir durante três décadas. Esta hipótese parece-nos coerente com alguns aspectos da condição de ambigüidade política dos setores médios tradicionais.

5. Na fase de luta contra a ditadura, a União Democrática Nacional (UDN), partido de direita, tinha a pretensão de ser, não um partido, mas uma ampla frente democrática.

6. Touraine, Alain; *op. cit.*, p. 87.

7. Touraine, Alain; *op. cit.*, p. 88.

8. O populismo, comparado ao nacionalismo, poderia ser caracterizado como expressão tópica e espontânea do processo de incorporação das massas ao regime político; já o nacionalismo aparece como expressão global e ideológica deste mesmo processo.

9. Touraine et Mottes; "Classe ouvrière et société globale", em *Traité de sociologie du travail*, v. 2 (ed. Friedman et Naville), p. 246-48.

10. Furtado, C., *op. cit.*, segunda parte, cap. 2, III. Cf. também os itens IV e V.

11. Fernando Henrique Cardoso reconhece no processo de industrialização dois momentos sociologicamente importantes. No primeiro, a aspiração ao progresso e à independência nacional "permitiram a definição de alvos capazes de acarretar, no longo prazo, mudanças estruturais". No segundo momento, houve a permeabilização do setor industrial já existente pelos modelos e práticas difundidos por aquelas "pressões desenvolvimentistas". É importante observar, porém, que "não houve" adesão total da burguesia nacional aos valores de cunho estatizante que orientavam os movimentos de emancipação nacional *(op. cit.,* p. 84-85).

12. O empresário industrial, por exemplo, não se identifica subjetivamente com o governo, mas vê-se subjetivamente como povo e, por isso, exige proteção e benesses. Deste modo, "o empresariado tira o máximo proveito do fato de ser classe economicamente dominante sem ser de forma total camada politicamente dominante" (Cf. Cardoso, *op. cit.*, p. 168).
13. "Como a posição ideológica do setor agrícola em geral está orientada para a defesa do *status quo* institucional, com base nas fortes posições que ocupa no Poder Legislativo, o grupo latifundiário de atuação mais antisocial conseguiu sempre se mover dentro de uma frente ampla, na qual os interesses se confundem com os do conjunto da agricultura e mesmo de todos aqueles que detêm a propriedade dos meios de produção. Dificultou-se, assim, a tomada de consciência na classe capitalista industrial da contradição entre os interesses da industrialização e os daqueles grupos que controlam as terras utilizadas para a produção de alimentos" (Celso Furtado, *op. cit.*, p. 123).

CAPÍTULO III

O populismo na política brasileira*

O populismo como estilo de governo, sempre sensível às pressões populares, ou como política de massas que buscava conduzir, manipulando suas aspirações, só pode ser compreendido no contexto do processo de crise política e de desenvolvimento econômico que se abre com a Revolução de 1930. Foi a expressão do período de crise da oligarquia e do liberalismo, sempre muito afinados na história brasileira, e do processo de democratização do Estado que, por sua vez, teve que se apoiar sempre em algum tipo de autoritarismo, seja o autoritarismo institucional da ditadura Vargas (1937-45), seja o autoritarismo paternalista ou carismático dos líderes de massas da democracia do pós-guerra (1945-64). Foi também uma das manifestações das debilidades políticas dos grupos dominantes urbanos quando tentaram substituir a oligarquia nas funções de domínio político de um país tradicionalmente agrário, numa etapa em que pareciam existir as possibilidades de um desenvolvimento capitalista nacional. E foi sobretudo a expressão mais completa da emergência das classes populares no bojo do desenvolvimento urbano e industrial verificado nesses decênios, e da necessidade, sentida por alguns dos novos grupos dominantes, de incorporação das massas ao jogo político.

Produto de um período de crise e solidário em sua própria formação com as peculiaridades deste período, o populismo foi um

---

* Versão modificada do artigo publicado em 1967 pela revista *Temps Modernes*, em número coletivo sobre o Brasil organizado por Celso Furtado.

fenômeno político que assumiu diversas facetas freqüentemente contraditórias. Assim, às vezes é difícil para quem tenha vivido, de um modo ou de outro, os problemas políticos dessa etapa histórica, fazer uma referência de conjunto ao movimento populista englobando toda a sua diversidade. Desde 1945 até 1964, são vários os líderes de ressonância nacional (três presidentes e alguns governadores de Estado) que buscam conquistar a adesão popular nos centros mais urbanizados do país. Cada um deles tem um "estilo", sua política pessoal quase sempre pouco explícita e sua ideologia, ainda menos explícita e muitas vezes confusa. Suas diferenças e, em alguns casos, suas contradições, são de uma tal ordem que se torna difícil perceber neles alguma significação fundamental comum, além do interesse que todos têm na conquista do voto popular e na manipulação das aspirações populares. Em determinados momentos, somos até mesmo tentados a permanecer nessa percepção fragmentária e a conceber o populismo mais como um fenômeno de natureza pessoal que de qualidade social e política. Expliquemo-nos: as bruscas mudanças de orientação política de líderes como Vargas ou Jânio Quadros, por exemplo, poderiam dar a impressão de que o populismo nada mais seria do que uma espécie de "oportunismo essencial" de alguns líderes, uma desmedida ambição de poder associada a uma quase ilimitada capacidade de manipulação de massas.

Essa noção, que nos parece traduzir o essencial do ponto de vista de alguns liberais de classe média, perplexos diante dos rumos assumidos pelo processo político depois de 1945, terá talvez seu grão de verdade. Muitos homens de esquerda — diga-se, de passagem, que também são homens de classe média — têm uma visão semelhante. Parece-nos, contudo, que embora a manipulação tenha sido uma das tônicas do populismo, seria demasiado sumário e abstrato caracterizar apenas como manipulação um estilo de liderança política e, em certo sentido, um tipo de regime político que, de qualquer modo, se confunde em muitos aspectos com a história do País nos últimos decênios. O populismo foi, sem dúvida, manipulação de massas, mas a manipulação nunca foi absoluta. Se o fosse, seríamos obrigados a aceitar a visão liberal elitista que, em última instância, vê no populismo uma espécie de aberração da história alimentada pela emocionalidade das massas e pela falta de princípios dos líderes.

Em realidade, o populismo é algo mais complicado que a mera manipulação, e sua complexidade política não faz mais que ressaltar a complexidade das condições históricas em que se forma. Ele foi um modo determinado e concreto de manipulação das classes populares, mas foi também um modo de expressão de suas insatisfações. Representou, ao mesmo tempo, uma forma de estruturação do poder para os grupos dominantes e a principal forma de expressão política da emergência popular no processo de desenvolvimento industrial e urbano. Foi um dos mecanismos pelo qual os grupos dominantes exerceram seu domínio, mas foi também uma das maneiras pelo qual esse domínio encontrava-se potencialmente ameaçado. Esse estilo de governo e de comportamento político é essencialmente ambíguo e, por certo, deve muito à ambigüidade pessoal desses políticos divididos entre o amor ao povo e o amor ao poder. Contudo, o populismo tem raízes sociais mais profundas, e a recuperação de sua unidade como fenômeno social e político é um problema proposto a quem estude a formação histórica do país nos últimos decênios.

1. A crise da oligarquia e as novas classes

A Revolução de 1930, movimento liderado por homens de classe média e por alguns chefes oligarcas (entre os quais o próprio Getúlio Vargas), abre a crise do sistema oligárquico de poder estabelecido desde os primeiros anos da República (1889) e consagrado na Constituição liberal de 1891. Parece haver sido uma das peculiaridades do processo de transformação política que a insurreição de 1930 desencadeia o fato de que as verdadeiras forças sociais e os motivos reais de seu comportamento não tenham aparecido sempre de maneira clara. Pode-se, contudo, reconhecer algumas de suas dimensões mais relevantes. Merece referência, em primeiro lugar, a decadência dos grupos oligárquicos como fator de poder. Eles se viram obrigados a deixar as funções de domínio político, que até 1930 mantiveram em forma ostensiva e quase exclusiva, para subsistir nas sombras (embora sempre presentes no novo regime, em nível regional ou municipal em muitas partes do país) até 1945, quando passam a ter representação privilegiada no Congresso.[1] Por outro lado, observa-se, a partir de 1930, uma tendência à ampliação institucional das bases sociais do Estado. Sobre esse aspecto, mais afim com o nosso tema, merece referir-se, inicialmente, à participação das classes médias e dos setores burgueses vinculados à industrialização no processo que conduz à crise do regime oligárquico. A participação política das classes populares tem muito a ver com as condições em que se instala o novo regime e com a incapacidade manifestada pelas classes médias e pelos setores industriais em substituir a oligarquia nas funções do Estado.

Os setores industriais terão sido talvez os maiores beneficiários das mudanças políticas que se verificaram depois de 1930. Não obstante, seria ilusório supor que teriam tido um papel importante nos acontecimentos que levaram à crise da oligarquia. O movimento da Aliança Liberal contra o antigo regime foi, antes de tudo, o resultado de uma transação entre alguns grupos urbanos de classe média e alguns setores agrários que mantinham uma posição divergente no interior do sistema oligárquico. A burguesia industrial, como força política individualizada, esteve praticamente ausente do processo revolucionário. As classes médias, por sua vez, não demonstraram possuir aquela "vocação para o poder" que lhes teria permitido transformar o movimento de 1930 no ponto de partida de um novo regime coerente com suas aspirações liberal-democráticas.

Vem de longe o inconformismo das classes médias e ele se manifestou de diversas maneiras, desde as campanhas de opinião que aproveitam as oportunidades eleitorais até às insurreições militares de 1922, 24 e 26 que foram, sem dúvida, suas expressões mais radicais e conquistaram simpatias gerais na opinião pública urbana. Não obstante, o que parece certo é que o protesto das classes médias jamais teve condições de real eficácia fora de algum tipo de aliança com algum grupo situado dentro da própria oligarquia. Obrigados por uma situação de dependência social dentro de uma estrutura onde a grande propriedade é o padrão econômico e social dominante, esses grupos não conseguiram formular uma ideologia própria, isto é, um programa de transformação social que expressasse um ponto de vista original contra o sistema vigente. Suas reivindicações básicas, "representação e justiça", formulavam-se dentro dos princípios liberais que já se encontravam consagrados na Constituição de 1891 e faziam parte dos horizontes ideológicos da oligarquia.

A desconfiança em relação aos "políticos" foi sempre uma das características do "tenentismo" — designação comumente aplicada aos movimentos dirigidos por jovens militares que se constituíram nos líderes mais expressivos das classes médias.[2] Entretanto, durante seu longo período de relativo isolamento político, os "tenentes" não se mostraram capazes ou interessados em construir alianças efetivas com as massas populares urbanas ou rurais, e suas ações tendiam mais para um radicalismo romântico que para uma política revolucionária eficaz. Seu estilo de ação está manifesto no heróico e trágico episódio de 1922, quando pouco mais de uma dezena de jovens militares enfrentou as forças do regime numa luta absolutamente desigual dentro da capital do país. E está presente também, em toda a sua grandeza, na marcha da Coluna Prestes que, depois de percorrer em luta mais de 20 mil quilômetros por todo o interior do Brasil, foi obrigada finalmente a recorrer ao exílio. É a rebeldia que não encontrou ainda possibilidades para um caminho político autônomo. Na Revolução de 1930, os líderes mais importantes do "tenentismo", com exceção de Luís Carlos Prestes, que era o chefe do movimento e que ingressa no Partido Comunista, associam-se a alguns de seus antigos inimigos para promover a queda do poder oligárquico. Assinalarão os primeiros anos de governo revolucionário com sua posição de luta contra as instituições oligárquicas remanescentes, mas não encontrarão condições para chegar ao controle do poder.

O movimento revolucionário que, como já o disse José Honório Rodrigues, nascia da cisão da minoria dominante e tinha objetivos limitados quase exclusivamente à "representação e justiça", conseguiu conquistar a simpatia das massas populares urbanas, mas não chegou a se interessar por sua participação ativa. Em verdade, a Aliança Liberal só visava a atender em mínima parte às aspirações populares e, fundamentalmente, buscava se antecipar a um possível movimento popular.[3] Por outro lado, as classes populares pareciam não ter ainda condições, por si próprias, para pressionar por uma participação autônoma no processo político.[4]

A incorporação das classes populares ao jogo político dependerá do curso posterior dos acontecimentos e, em particular, da característica instabilidade do novo equilíbrio de poder que se estabelece a partir da crise oligárquica. Não só o movimento de 1930 foi basicamente uma alteração da estrutura de poder operada "de cima" e, desse modo, capaz de antecipar-se às massas populares, como a própria participação das últimas no jogo político se fará também "de cima para baixo". Está aí uma das condições históricas do "regime" e da "política" populista vigentes nos decênios seguintes e um dos problemas a ser discutido nas partes seguintes deste artigo.

Entretanto, seria conveniente, antes disso, examinar mais de perto a ausência das classes populares no processo revolucionário. É sabido que essa "ausência" não significou uma posição de indiferença em relação aos acontecimentos. A Aliança Liberal, do mesmo modo que o "tenentismo" nos anos anteriores, conquistou amplamente a simpatia popular. Por outro lado, as classes populares, já em 1930 e mesmo antes, são percebidas como problema pelos grupos dominantes e estarão presentes nos seus cálculos políticos antes da insurreição e depois dela. Nesse sentido, a descrição que um dos melhores intérpretes da época nos faz da Aliança Liberal em sua etapa eleitoral (pré-insurrecional) é bastante clara: "A Aliança Liberal apresentava-se como um remanso acolhedor para todos os descontentamentos e todas as esperanças. O pobre, o milionário, o operário, o funcionário, o comunista, a feminista, todos podiam confiar na serenidade de ação do candidato por ela indicado."[5] E, por certo, não há motivos para supor que as massas populares deixassem de ver com simpatia um movimento que se apresenta, em última instância, como a própria representação da nação contra um regime político cuja atitude em relação às reivindicações populares era fundamentalmente repressiva. Segundo a opinião do último presidente oligarca, que governou no período de 1926-30, "a agitação operária é uma questão que interessa mais à ordem pública que à ordem social".[6]

A atitude da Aliança Liberal, tal como se encontra expressa em sua plataforma eleitoral, tinha uma orientação radicalmente distinta e buscava transferir os conflitos sociais da esfera policial para a do direito social. Dizia Getúlio Vargas, já em 1930, definindo uma política de incorporação das massas populares e que será depois uma das tônicas de seu governo, que "se nosso protecionismo (refere-se ao protecionismo por parte do Estado) favorece aos setores industriais em favor da fortuna particular, impõe-se também o dever de ajudar o proletário com medidas que lhe assegurem relativo conforto e estabilidade e o amparem na enfermidade como na velhice"; "o pouco que temos em matéria de legislação social não é aplicado ou só é aplicado em mínima parte e de modo esporádico".[7] Para as massas populares, a legislação do trabalho significará a primeira forma por meio da qual elas verão definidos sua cidadania e seus direitos de participação nos assuntos do Estado, e será também um dos elementos centrais para entendermos o tipo de aliança que passarão a estabelecer com os grupos dominantes por intermédio dos líderes populistas.

Desse modo, já no processo de abertura da crise da oligarquia, seria necessário dar atenção ao fato de que a ausência das massas na insurreição não pode ser entendida como indicadora de uma passividade global de seu comportamento. Elas se encontram ausentes da ação, mas presentes para qualquer das duas facções em conflito, como uma pressão permanente sobre o *status quo* oligárquico. Suas lutas, que se estenderam por todas as primeiras décadas do século, embora não tenham conduzido a claras projeções de transformações políticas, parecem ter sido suficientes para apresentar-se às minorias dominantes como um problema real e, até certo ponto, como uma ameaça.

2. Estado e classes populares

A exclusão das classes populares no processo político foi uma das características marcantes do regime derrubado em 1930. A participação popular no processo eleitoral teria sido mínima, se é que efetivamente existiu em alguma medida, pois não chegou de nenhum modo a caracterizar os processos "democráticos" vigentes na época.[8] Nas eleições pós-revolucionárias de 1933, a proporção de eleitores inscritos sobre o total da população atingia apenas cerca de 3,5%, e não há motivos para crer que o nível de participação tenha sido maior no período anterior. Nas eleições de 1934, as últimas do regime revolucionário, esta mesma proporção sobe para cerca de 6,5% atingindo no segundo pleito realizado na etapa democrática (1950) perto de 22% nas eleições de 1960. Embora o nível de participação eleitoral atingido em 1950 ou 1960 seja bastante inferior às proporções existentes de adultos, pois a exclusão dos analfabetos significa de fato a não-participação da maioria da população rural[9] —, cabe ressaltar o crescimento ocorrido e as enormes transformações que esse crescimento veio acarretar no processo eleitoral. Se a pressão popular sobre as estruturas do Estado pode ser apenas sentida pelas minorias dominantes na etapa anterior a 1930, na etapa posterior, ela se tornará rapidamente um dos elementos centrais do processo político, pelo menos no sentido de que as formas de aquisição ou de preservação do poder estarão cada vez mais impregnadas da presença popular.

Mas cabe observar que se no período oligárquico as massas encontram-se distanciadas de qualquer possibilidade de participação real, no período posterior — seja durante a ditadura de Vargas, seja durante a etapa democrática (1945-64) — sua participação ocorrerá sempre sob a tutela de representantes de alguns dentre os grupos dominantes. Com exceção de algumas situações especiais, em particular nos últimos anos do governo Goulart, seria difícil dizer que as massas populares, ou algum dos seus setores, tenham conseguido participar do processo político com um mínimo de autonomia.

Desse modo, quando se fala de emergência política das massas no período posterior a 1930, é preciso ter sempre presente que essa emergência se encontrou desde o início condicionada. Isso, porém, não basta para compreendermos as condições históricas em que se gera o populismo. A promoção da participação popular não se fará nunca pelos grupos dominantes considerados em bloco, os quais, muito pelo contrário, sempre viram com maus olhos a ascensão política popular. A promoção das massas dependerá das novas condições especificamente políticas criadas com a crise oligárquica e, fundamentalmente, da incapacidade manifestada por todas as forças sociais que compunham a Aliança Liberal de estabelecer de maneira sólida as bases de uma nova estrutura de Estado.

O novo governo, formado com base em uma aliança tácita entre grupos de classe média, sem horizontes políticos próprios, e alguns setores oligárquicos que ocupavam no "antigo regime" uma posição secundária, deverá passar por um longo período de instabilidade que se prolongará até 1937, quando se estabeleceu a ditadura. São várias as crises decorrentes das lutas entre os "tenentes" e os chefes oligarcas, lutas em que se opõem não só os inimigos de ontem como também os amigos. As maiores dificuldades surgem no Sul, principalmente no Estado de São Paulo — o Estado de agricultura de exportação mais desenvolvido e apoio fundamental ao antigo sistema de poder — que, em 1932, se levanta numa insurreição contra o novo regime. Contudo, os problemas não surgem apenas das oposições com a oligarquia deslocada das funções de domínio. Setores de classe média radical se agrupam, sob a liderança de Prestes, na Aliança Nacional Libertadora, e os setores de direita encontram expressão no "integralismo", movimento de estilo fascista que busca conquistar as simpatias de Vargas. A estabilidade do novo regime só será alcançada com a derrota desses dois movimentos. A insurreição da ANL, em 1935, dará a Vargas a possibilidade de fortalecer-se pessoalmente como chefe do governo, amparado nas forças interessadas em combater a "ameaça comunista". Estabelecida em 1937, a ditadura liquida no ano seguinte o movimento "integralista" que, já desiludido de obter participação no governo, realiza a tentativa de um *putsch*.

Convém chamar a atenção para um dado que nos parece fundamental no processo de estruturação do regime que surgirá depois da fase de instabilidade. As derrotas sofridas pela oligarquia de São Paulo, em 1930 e em 1932, puderam comover as raízes do regime político do qual ela era o principal apoio, mas não puderam negar o fato de que a exportação do café fora e continuaria a ser o elemento central da situação econômica.

O novo governo terá, portanto, que se mover sempre dentro de uma complicada faixa de compromissos e conciliações entre interesses diferentes e por vezes contraditórios. De nenhum dos grupos participantes — as classes médias, os grupos menos vinculados à exportação e os setores vinculados à agricultura do café — se poderia dizer que teria assegurado para si as funções de hegemonia política. Por outro lado, nenhum desses grupos tem condições para oferecer as bases da legitimidade do novo Estado, para apresentar seus próprios interesses particulares como expressão dos interesses gerais da nação.

Esse equilíbrio instável entre os grupos dominantes e, basicamente, essa incapacidade de qualquer deles de assumir, como expressão do conjunto da classe dominante, o controle das funções políticas, constitui um dos traços marcantes da política brasileira nos últimos decênios. Nessas condições de compromisso e de instabilidade, têm sua gênese algumas das características mais notórias da política brasileira, entre as quais convém destacar alguns componentes que virão a ser fundamentais no populismo: *a personalização do poder, a imagem (meio real e meio mística) da soberania do Estado sobre o conjunto da sociedade e a necessidade da participação das massas populares urbanas.* Nessa nova estrutura o chefe do Estado assume a posição de árbitro e aí está uma das raízes de sua força pessoal. Por outro lado, nessa condição de árbitro, sua pessoa tenderá a confundir-se com o próprio Estado como instituição, pois ambos tendem a distanciar-se da determinação dos interesses imediatos que, em última instância, representam. Contudo, uma situação desse tipo não poderia ser durável, e a manifesta instabilidade dos primeiros anos do novo regime denunciava claramente a precariedade desse equilíbrio entre interesses diferentes e algumas vezes contrários. A ditadura foi uma solução para a consolidação do poder pessoal de Vargas e para a instauração do Estado como soberano perante as forças sociais em presença. A alternativa à ditadura consistiria no ensaio de ampliação das bases sociais do poder.

Assim, condicionadas desde o início pela crise interna dos grupos dominantes, penetram as massas populares urbanas na política brasileira. Constituem a única fonte social possível de poder pessoal autônomo para o governante e, em certo sentido, se constituirão na única fonte de legitimidade possível para o próprio Estado. *O chefe do Estado passará a atuar como árbitro dentro de uma situação de compromisso* que, inicialmente formada pelos interesses dominantes, deverá contar agora com um novo parceiro — as massas populares urbanas —, e *a representação das massas nesse jogo estará controlada pelo próprio chefe do Estado.* Nas funções de árbitro, ele passa a decidir em nome dos interesses de todo o povo; isso significa dizer que ele tende, embora essa tendência não possa efetivar-se sempre, a optar por aquelas alternativas que despertam menor resistência ou maior apoio popular. Essa tendência não é, porém, meramente teórica e efetivou-se em medida socialmente significativa com Vargas e quase todos os demais chefes de Estado desde 1930 até 1964.[10]

Aparece, assim, na história brasileira, o fantasma popular que será manipulado por Vargas durante quase dois decênios. Por meio dos mecanismos de manipulação que as funções de governo lhe possibilitam nas condições de uma crise interna entre os grupos dominantes, Getúlio encontrará a maneira de responder a todo o tipo de pressões sem subordinar-se, de maneira exclusiva e duradoura, aos interesses imediatos de qualquer delas. Desse modo, o novo regime já não é oligárquico, não obstante as oligarquias não tenham sido fundamentalmente afetadas em suas funções de hegemonia social e política nos níveis local e regional, e se encontrem, de algum modo, representadas no Estado. Se fosse necessário designar essa forma particular de estrutura política, diríamos que se trata de um "Estado de compromisso" que é ao mesmo tempo um "Estado de massas", expressão da prolongada crise agrária, da dependência social dos grupos de classe média, da dependência social e econômica da burguesia industrial e da crescente pressão popular.[11]

Desse modo, uma das raízes da capacidade de manipulação dos grupos dominantes sobre as massas está na sua própria debilidade como classe, na sua divisão interna e incapacidade de assumir, em seu próprio nome, as responsabilidades do Estado. Incapazes de legitimar por si próprias a dominação que exercem necessitarão recorrer a intermediários — primeiro Vargas, depois, os líderes populistas da etapa democrática — que estabeleçam alianças com os setores urbanos das classes dominadas. E aí está uma das limitações decisivas do populismo. Primeiro: a eficácia do líder populista nas funções de governo dependerá da margem de compromisso que ocasionalmente exista entre os grupos dominantes, e de sua habilidade pessoal para superar, como árbitro, os enfrentamentos e para encarnar a imagem da soberania do Estado, em face das forças sociais em conflito. Em segundo lugar: do lado das massas populares a manipulação populista estará sempre limitada pela pressão que espontaneamente elas podem realizar e pelo nível crescente de suas reivindicações.

3. Pressão popular e cidadania

O condicionamento da emergência política das classes populares pelo Estado também sofre a interação de fatores ligados ao próprio comportamento popular. Seria ingênuo supor que, somente para atender às necessidades de seu jogo interno, o Estado tivesse "inventado" uma nova força social. Uma noção como esta não tem nenhum apoio histórico, não obstante possa parecer real quando a análise da emergência popular realiza-se apenas do ponto de vista dos grupos dominantes e de sua crise interna.

Convém retomar, portanto, e agora de maneira mais precisa, a idéia, já mencionada, de uma passividade das classes populares no regime populista. Com base na tradição européia de luta das classes, se entendemos como participação política ativa aquela que implica uma consciência comum dos interesses de classe e a capacidade de auto-representação política, caberia concluir que todas as classes sociais brasileiras foram politicamente passivas nos decênios posteriores à Revolução de 1930. Foi exatamente a incapacidade de auto-representação dos grupos dominantes e sua divisão interna que possibilitaram a instauração de um regime político centrado no poder pessoal do presidente.

É duvidoso que se possa, sem maior exame, aplicar às relações entre as classes no Brasil, ou em qualquer outro país da América Latina, os esquemas interpretativos vindos da tradição européia do século XIX. Com respeito ao Brasil, dificilmente se poderia analisar a participação política das classes sociais sem ter em conta a grande heterogeneidade interna. Essa heterogeneidade não é um atributo exclusivo das classes dominantes, mas é particularmente notória quando nos referimos àquelas classes que teoricamente deveríamos designar como proletárias, "em via de proletarização" ou "assimiláveis ao proletariado": operários industriais, agrícolas, operários-urbanos não industriais; trabalhadores urbanos por conta própria ou rurais não-assalariados; pequenos assalariados do comércio e dos serviços, etc. Entre esses diferentes setores (e no interior de cada um deles) são notáveis as diferenças com relação a condições de vida, relações de trabalho, "situação ecológica" (diferenças regionais, campo-cidade, capital-interior) etc. Ademais, é duvidoso que se possa tomar qualquer desses setores, como um grupo politicamente homogêneo com a possível exceção dos operários industriais no que se refere ao comportamento sindical. Pode-se, sem dúvida, falar de classes populares ou de massas populares, expressões imprecisas, mas úteis para captar a homogeneidade possível nesse grande conjunto de pessoas que ocupam os escalões sociais e econômicos inferiores nas diversas áreas do sistema capitalista vigente no Brasil. Como especificação dentro desse amplo conjunto é possível reconhecer, de maneira mais coerente, o setor urbano das massas populares, cujas particularidades são sua vinculação à economia urbana e sua presença política.

Não obstante, seria ilusório tentar *diretamente* interpretar, segundo a tradição européia, o comportamento político dos setores urbanos incluindo o dos operários industriais. As relações políticas que as classes populares urbanas mantiveram com o Estado e as demais classes nos últimos decênios da história brasileira foram predominantemente individuais e nelas o conteúdo de classe não se manifesta de maneira direta. Foram relações individuais de classe, mas elas específicamente mascararam seu conteúdo de classe, de tal modo que a possível significação classista aí presente não pode ser entendida sem que se passe primeiro por suas expressões individuais. É, portanto, nesse nível de relações individuais que convém estudar o populismo, se se quer entender sua significação como manipulação e política de classe. É a partir dessa perspectiva que convém discutir o problema de saber até que ponto os interesses reais das classes populares foram efetivamente atendidos pelos líderes, e até que ponto elas serviram passivamente de "massa de manobra" para os grupos dominantes.

Nesse sentido, parece-nos relevante discutir que significação pode ser atribuida às iniciativas do Estado referentes à legislação trabalhista. Vargas, apoiado no controle das funções políticas, "doa" às massas urbanas uma legislação trabalhista que começa a formular-se desde os primeiros anos do Governo Provisório e que se consolida no ano de 1943. A limitação da legislação aos setores urbanos não deve passar desapercebida. São os setores que possuem maior capacidade de pressão sobre o Estado e aqueles que, antes de 1930, possuíam alguma tradição de luta; são também os setores disponíveis para a manipulação política pois, apesar de as regras de jogo eleitoral estarem suspensas desde 1937, elas foram uma das primeiras conquistas da Revolução de 1930 e continuavam a ter uma existência virtual. Por outro lado, a restrição da legislação trabalhista às cidades atende às massas urbanas sem interferir nos interesses dos grandes proprietários de terra.

O conteúdo social da manipulação exercida sobre a legislação trabalhista vai além do mero jogo pessoal do chefe de Estado, embora ele se apresente às massas como um "doador" e um "protetor". Evidentemente, foi sobre atos dessa natureza que Vargas construiu seu prestígio como líder populista e obteve a necessária confiança para falar em nome das massas populares, inclusive sobre temas aos quais elas, até então, haviam permanecido alheias, como a política econômica. Estabelecida a legislação trabalhista, sua regulamentação passa a constituir permanente função do Estado. Transfere-se, assim, para este, o prestígio que as massas haviam conferido a Vargas. Essa transferência de prestígio contém um dos elementos importantes da relação política populista em geral, tanto no período ditatorial quanto na etapa democrática: o líder será sempre alguém que já se encontra no controle de alguma função pública — um presidente, governador, deputado, etc. —, isto é, alguém que, por sua posição no sistema institucional de poder, tem a possibilidade de "doar", seja uma lei favorável às massas, seja um aumento de salário ou, mesmo, uma esperança de dias melhores.

Por outro lado, estabelecida a legislação do trabalho como direito, quando um assalariado reivindica o cumprimento de determinado requisito legal, aquela relação originária de "doação" e, portanto, de dependência, desaparece. O que passa a contar agora é o cidadão que reivindica o cumprimento da lei, que reivindica os "seus direitos" de homem livre na relação de trabalho. E nós podemos então perceber que, na relação política, a "doação", e a dependência que ela implica, é apenas um dos lados do problema. De fato, o que essa relação paternalista entre líder e massas contém, do ponto de vista político, é o reconhecimento da cidadania das massas, de sua igualdade fundamental dentro do sistema institucional apesar da típica assimetria de todo paternalismo. E a melhor prova dessa igualdade é a relação de identidade que as massas estabelecem com o líder, cidadão de outra classe social que se encontra nas funções do Estado.

Desse modo, a manipulação é uma relação ambígua, tanto do ponto de vista social como político. Do ponto de vista político é, por um lado, uma relação de identidade entre indivíduos, entre o líder que "doa" e os indivíduos que compõem a grande massa de assalariados; e, por outro, é uma relação entre o Estado como instituição e determinadas classes sociais. Do ponto de vista social, a legislação trabalhista aparece, por um lado, como mecanismo regulador das relações entre empregadores e assalariados; e, por outro, como um mecanismo regulador das relações entre as classes sociais. No populismo, o característico dessas relações está em que as relações entre os indivíduos de classes sociais distintas têm maior relevância que as relações entre essas mesmas classes concebidas como conjuntos social e politicamente homogêneos. Isto significa dizer que no populismo as relações entre as classes sociais se manifestam de preferência como relações entre indivíduos. Daí que o político populista tenha tido sempre pouco interesse em oferecer às classes populares que lidera a oportunidade de organizar-se, a menos que esta organização implicasse um controle estrito do comportamento popular, como se deu durante o período ditatorial com o movimento sindical estruturado num estilo semicorporativo. A introdução da organização, mesmo para fins somente reivindicativos, haveria introduzido, como de fato se observou nos últimos anos do governo Goulart, a possibilidade de uma ruptura na relação de identidade entre líder e massa.

A reivindicação da própria cidadania, ou seja, a reivindicação de participação política em condições de igualdade, é um dos aspectos centrais da pressão popular realizada sobre o Estado nos últimos decênios. Não nos referimos apenas à significação jurídico-política da cidadania. A emergência das classes populares no plano político encontra-se intimamente associada à sua emergência nos planos sociais e econômicos. Com efeito, já na ditadura, a concessão da cidadania obtida pelos direitos sociais se vê complementada, em seus efeitos políticos, pela intensidade que ganham nessa época os processos de urbanização e de industrialização. Entre 1920 e 1940, o proletariado industrial cresceu de 275.512 para 781.185, atingindo em 1950, 1.256.807. Nesse mesmo período, a população da cidade de São Paulo, a primeira base do populismo varguista, aumentou de 587.072 (1940) para 2.227.512 (1950). Além de São Paulo, outras grandes cidades crescem a um ritmo bem mais acentuado que o de seus Estados ou regiões.[12]

As massas de imigrantes rurais que conquistaram a grande cidade e atingiram os novos empregos criados pelo desenvolvimento urbano-industrial dão o primeiro passo para a conquista de sua cidadania social e política. O ingresso do migrante na vida urbana é o primeiro passo para sua conversão em cidadão social e politicamente ativo e para a dissolução dos vínculos tradicionais de lealdade e de submissão aos potentados rurais ou aos chefes políticos dos pequenos municípios. Essas novas massas que migram em busca de novas oportunidades de trabalho são, evidentemente, massas que pressionam com o intuito de sua própria ascensão social. Tem-se dito, no Brasil, que o homem que consegue transferir-se do campo para a cidade faz sua "revolução individual". A expressão talvez seja um pouco exagerada, mas cobre uma boa parte de verdade. No simples movimento do indivíduo de uma situação ecológica para outra está a possibilidade da ampliação de seu consumo, com a conquista de um emprego urbano e, ainda, a sua cidadania social e política.

Temos aí esboçados três dos elementos básicos para compreendermos o sentido do comportamento político-popular durante o regime populista: a pressão que exercem as massas de migrantes para ter acesso aos empregos urbanos, a pressão para ampliar as possibilidades de consumo (realizada pelas novas massas urbanas e também pelas antigas) e a pressão que se orienta para a participação política dentro dos quadros institucionais. Trata-se, sempre, de formas individuais de pressão, as quais se apresentavam aos populistas como um problema a resolver. Aqui nos defrontamos com um outro limite fundamental da manipulação, que não teria sido possível se os interesses reais das classes populares não tivessem sido atendidos em alguma medida, sem o que não teria persistido o apoio que prestavam a líderes originários de outras classes sociais. Com efeito, a manipulação das massas entrou em crise, isto é, abriu a porta a uma verdadeira mobilização política popular, exatamente quando a economia urbano-industrial começava a esgotar sua capacidade de absorção de novos migrantes e quando se restringiam as margens do redistributivismo econômico. É nessa fase que a temática das reformas de estrutura começa a fazer-se popular.

A noção de manipulação, tanto quanto a de passividade popular, precisa ser relativizada, concretizada historicamente, para que possamos entender a significação real do populismo. A imagem, se não o conceito, mais adequada para entendermos as relações entre as massas urbanas e alguns grupos representados no Estado é a de uma aliança (tácita) entre setores de diferentes classes sociais na qual evidentemente a hegemonia encontra-se sempre ao lado dos interesses vinculados às classes dominantes, mas torna-se impossível de realizar-se sem o atendimento de algumas aspirações básicas das classes populares, entre as quais a reivindicação do emprego, de maiores possibilidades de consumo e de direito de participação nos assuntos do Estado. Aspirações mínimas, por certo, mas decisivas na política de massas num país como o Brasil.

4. O estado em crise

A presença popular é, sem dúvida, o fato político novo da etapa democrática que se inicia em 1945.

Pela primeira vez na história brasileira as massas urbanas aparecem livremente no cenário político. Liberdade relativa, por certo, e só possível dentro dos limites de uma estrutura de poder cuja composição de forças permanece, nos seus aspectos fundamentais, a mesma do período anterior. De toda maneira, terminada a ditadura, acaba também o monopólio exercido por Vargas sobre a manipulação da opinião popular, embora ele continue, até sua morte em 1954, sendo o grande chefe do populismo ao qual todos os demais líderes estarão de algum modo vinculados, com a única exceção de Jânio Quadros. Nos primeiros anos de vida democrática reaparece a figura de Prestes, agora líder do Partido Comunista e com todo o prestígio que lhe confere seu passado de "tenentista" revolucionário. Mas o PC, que chegou a ser nesses anos um dos grandes partidos nacionais, foi posto na ilegalidade já em 1947, com evidente perda de influência sobre as massas.[13]

A persistência do mesmo esquema de poder vigente na fase ditatorial se expressa, como vimos no capítulo anterior, no fato de que o sistema de partidos — que têm muito pouca autonomia em relação ao Executivo — se baseia em duas agrupações criadas pelo próprio Getúlio ao término do regime ditatorial, as quais nada mais serão que a tradução nos termos da nova linguagem política do compromisso social em que a ditadura se apoiara.

Não obstante as similitudes com o período anterior, essa é a etapa em que se faz mais claro o enfrentamento das forças sociais dentro do grande compromisso que serve de sustentação ao Estado, e é também a etapa em que esse compromisso entra em crise. Os golpes de Estado apresentam-se desde os primeiros anos da democracia, como um recurso ao qual a direita ameaça recorrer para reparar sua perda de importância eleitoral e para neutralizar os mecanismos institucionais que abrem passo à pressão popular. A oposição da direita à posse de Vargas em 1950, a crise de 1954 que termina com seu suicídio, as dificuldades opostas à posse de Juscelino Kubitschek em 1955, a renúncia de Quadros em 1961, a oposição civil-militar à posse de Goulart como sucessor de Quadros são alguns dos episódios característicos de uma instabilidade política que pareceria indicar o esgotamento do quadro político surgido em 1930.

Nos últimos anos desse período democrático, em particular depois da renúncia de Jânio Quadros, começam a surgir formas de ação popular que vão, em alguns casos, muito além dos esquemas tradicionais. As freqüentes greves de trabalhadores, a crescente importância dos grupos nacionalistas, a mobilização da opinião pública em torno da temática das reformas de estrutura (em particular a reforma agrária), a extensão dos direitos sociais aos trabalhadores do campo, a mobilização dos camponeses para a organização sindical ou para as "ligas camponesas" de Francisco Julião são alguns dos fatos que anunciavam a emergência de um movimento popular de novo tipo. Este, embora tivesse seu nascimento dentro dos quadros institucionais e mantivesse relações de dependência com a política populista de Goulart, colocava problemas cujas soluções implicavam alterações de base na composição de forças sociais em que se apoiava o regime. Em realidade, o desbordamento dos limites urbanos da manipulação de massas, com o início da mobilização das massas rurais, significava que se começara a deslocar um dos elementos básicos da estrutura de poder — a grande propriedade — o que jamais ousara fazer o populismo em qualquer dos seus momentos anteriores.

É necessário ter em conta que, mesmo nessa fase final do período democrático, o quadro político geral continuava a ser o do populismo. Tanto o ponto de vista de uma política de desenvolvimento industrial nacional como do ponto de vista do processo de democratização social e política, as reformas de estrutura apresentavam-se essenciais. Contudo, nenhum dos grupos dominantes se mostrava capaz de oferecer os suportes indispensáveis a uma política de reformas, ainda quando se podia admitir que alguns deles retirariam proveito dela. Todos se voltavam para o Estado e, mais uma vez, as massas populares apareciam como a grande força social capaz de proporcionar bases a essa política e ao próprio Estado.

Se se tem em conta a natureza da participação política popular que existia no país, percebem-se as graves limitações que se apresentavam à política de reformas que constituía uma das orientações básicas do governo Goulart. Com efeito, a importância política das massas dependera sempre da existência de uma transação entre os grupos dominantes, e esta transação agora se encontrava em crise. Se as massas serviram como fonte de legitimidade para o Estado, isto só foi possível enquanto estiveram contidas dentro de um esquema de aliança policlassista, que as privava de autonomia.

Dessa forma, ao pretender entrar pelo caminho das reformas de estrutura, Goulart provocou a crise do "regime populista". Apesar de condicionar, como chefe do Estado, por ação ou omissão, o conjunto do movimento popular que começava a formar-se, longe estava ele de ter o controle do processo político. Crescia em importância uma mobilização popular que, embora muitas vezes dependesse da iniciativa do Estado, tendia a superar os limites institucionais vigentes.

O grande compromisso social em que se apoiava o regime se viu, assim, condenado por todas as forças que o compunham. Condenado pela direita e pelas classes médias que se aterrorizavam ante a pressão popular crescente; pelos grandes proprietários assustados com o debate sobre a reforma agrária e com a mobilização de massas rurais pela burguesia industrial, temerosa também da pressão popular e já vinculada por alguns de seus setores mais importantes aos interesses estrangeiros. E, apesar das intenções de alguns de seus líderes, encontrava-se condenado também pela fragilidade do populismo, que se mostrava incapaz não só de manter o equilíbrio de todas essas forças, como também de exercer um controle efetivo sobre o processo de ascensão das massas.

Notas

1. Veja, de Celso Furtado, "Obstáculos políticos ao desenvolvimento econômico do Brasil", *mimeo*, 1965.
2. Diz Werneck Sodré que os "movimentos mais sérios, que encontravam larga ressonância na opinião e amplo apoio na imprensa, eram de ordem militar; sucediam-se os levantamentos de jovens oficiais, inconformados com o estado de coisas reinante. Não havia, no tempo, outra válvula, e daí a predominância dos militares nesses pronunciamentos". Ele acrescenta a seguir que o "tenentismo" só em sua etapa final se compõe com forças partidárias tradicionais, cindidas do grosso daquelas que figuravam no plano político. Nelson Werneck Sodré, *História da burguesia brasileira*, Ed. Civilização Brasileira, Rio de Janeiro, 1964, p. 281. Sobre o "tenentismo" veja também Virginio Santa Rosa, *O sentido do tenentismo*, Schmidt Editor, Rio de Janeiro, 1932 (?), e a obra de Hélio Silva sobre *O ciclo de Vargas*, Ed. Civilização Brasileira, Rio de Janeiro, 1965-66.
3. Rodrigues, J. H., *Conciliação e reforma*, Ed. Civilização Brasileira, Rio de Janeiro, 1965, p. 91.
4. Rodrigues, L. M., *Conflito industrial e sindicalismo no Brasil*, Difusão Européia do Livro, São Paulo, 1966, p. 115.
5. Santa Rosa, V., *op. cit.,* p. 62.
6. Cf. Rodrigues, J. H., *op. cit.,* p. 83.
7. Vargas, G., *A nova política do Brasil*, José Olympio Editora, Rio de Janeiro, 1938, p. 27.
8. Santa Rosa, V., *op. cit.,* p. 28.
9. A proporção de eleitores inscritos sobre o total da população com 20

anos de idade ou mais atingia em 1950 somente 46,5%. Essas proporções são baseadas nas informações censitárias.

10. O exemplo mais notável dessa tendência é, sem dúvida, o da própria carreira política de Vargas. Chefe de uma oligarquia regional até 1930, Getúlio Vargas governa até 1945 segundo um esquema de força em que os grupos oligárquicos aparecem como aliados, mas não como fatores determinantes da orientação governamental. Nessa etapa, ele constrói seu prestígio pessoal entre as massas urbanas. Em seu Segundo Governo (1950-54) tenta realizar uma política de desenvolvimento capitalista nacional, mas é derrotado ante as pressões externas e internas. Recusando renunciar às suas funções, suicida-se, e sua carta-testamento é um dos documentos mais notáveis do populismo e do nacionalismo brasileiros. O exemplo de Vargas é o mais claro, pois cobre todo um período histórico, mas não é o único. Em ponto menor, seria possível observar tendências mais ou menos semelhantes em Jânio Quadros e João Goulart. Nesse sentido, a única exceção clara é a do governo Dutra (1945-50) que, embora fora eleito com base no prestígio de Vargas, estabeleceu no poder uma forte aliança conservadora.

11. Ruy Mauro Marini, em interessante artigo sobre as "Contradicciones y conflictos en el Brasil contemporaneo" (*Revista Arauco,* out. 1966, Chile), prefere designar como "bonapartista" o novo regime. Dentro da experiência histórica européia, o "bonapartismo" seria talvez a situação política mais próxima dessa que procuramos descrever para o Brasil. De todos os modos pareceu-nos conveniente evitar o uso dessa expressão que nos teria obrigado a comparações, que fogem do âmbito deste artigo, entre países de diferente formação capitalista.

12. Dados Censais. Azis Simão, em seu livro, *Sindicato e Estado* (Dominus Editora, Brasil, 1966) realiza uma ampla análise empírica do crescimento do proletariado industrial.

13. Em seus dois anos de vida legal, o Partido Comunista aparecia como a única força política capaz de disputar a influência populista sobre as massas populares particularmente nas eleições para as funções legislativas. Entretanto, sua capacidade de liderança não foi a mesma nas eleições executivas federais de que participou em 1945. O candidato comunista obteve apenas 9,7% dos votos, enquanto o candidato apoiado por Vargas alcançou 55,4%.

Segunda Parte

Introdução

Este trabalho se ocupa de um fato recente na história da América Latina: a emergência política das "classes populares".[1] Em sua acepção mais ampla, o tema envolve as condições em que essas "classes" se formam no processo de mudança das estruturas sociais, e surgem na cena política como fator que interfere sobre o equilíbrio, ou a transformação, das estruturas de poder vigentes. Pretendemos tomá-lo com a significação que lhe foi atribuída pela história dos últimos decênios e que vem acrescentar à sua conotação mais geral algumas especificações importantes. Neste período, o surgimento político das classes populares significou, por um lado, *uma dupla pressão sobre as estruturas vigentes: pressão sobre as estruturas do Estado* para ampliar as possibilidades de participação popular na política (especialmente pelo voto) na vida social (direitos sociais, educação etc.), *e pressão sobre as estruturas do mercado* (também por meio do Estado), para aumentar a participação no emprego e no consumo. Por outro lado, a emergência política das classes populares *importou algum grau de efetiva incorporação aos quadros político-institucionais vigentes, ou seja, significou pressão popular no interior do regime político vigente.* De ambos os pontos de vista — o primeiro, que diz respeito às direções básicas que a pressão popular assume, e o segundo referente ao âmbito em que ela é exercida —, a emergência popular é produto de um período histórico determinado e solidária com as peculiaridades do desenvolvimento social e político que nele se observa. E os movimentos e governos populistas,[2] tal como podem ser observados de maneira típica em países como o Brasil e a Argentina, terão sido talvez a sua forma mais completa de expressão.

Entendido nesses termos, estamos perante um tema a conjugar no passado. Trata-se de um dos aspectos desta longa história de crise e de transformação que começa nos primeiros decênios do século XX, na maioria dos países do continente, e que parece haver chegado ao seu término nos últimos anos da década de 1960. Etapa de crise, sem dúvida, pois nasce das fundas rupturas que, depois da guerra de 1914-18 ou da "grande depressão" de 1929, segundo os países, passam a minar as bases da velha sociedade latino-americana. Mas esta etapa foi também, e aqui encontraremos talvez sua peculiaridade, um período de crença mais ou menos geral nas possibilidades — que pareciam surgir, e com êxito em algumas partes, no âmbito da própria crise — do desenvolvimento democrático e do desenvolvimento capitalista autônomo da América Latina. Hoje, porém, parece claro que esta se encontra em encerramento e encerra-se, com algumas penas e poucas glórias, sem poder dar cumprimento aos projetos que engendrou.

Este trabalho limita-se, pois, a uma tentativa de exame do passado. Convém reafirmar que se trata de um passado recente e que em algumas partes permanece ainda vivo e atuante em muitos de seus aspectos. A abertura da crise à qual nos referimos tem pouco mais de trinta anos e ainda mais recente é a emergência política popular. Em realidade, só a partir da década de 1940 (descontada a notável exceção do México), a incorporação das classes populares aos quadros institucionais passa a adquirir relevância como interferência indireta, mas sempre efetiva sobre as condições de equilíbrio do poder. Sirvam de exemplos, para citar apenas os casos mais notórios além do Brasil e da Argentina, a Guatemala nos períodos de Arevallo e de Arbenz, o Chile com a Frente Popular, a Bolívia com a Revolução de 1952, sem falar da Revolução Cubana e da situação insurrecional vivida pela República Dominicana em 1956.

Limitados ao exame do surgimento popular nas formas populistas, excluímos de nossas pretensões a de realizar uma análise geral da América Latina. Tão recentes e tão diversas são suas formas de manifestação que só um complexo programa de pesquisas poderia oferecer elementos para uma fundada interpretação de conjunto. Entre os diversos países e entre as diversas formas da emergência popular, há por certo muitas características comuns, o que por si assegura a possibilidade de algum tipo de generalização a qualquer análise particular. Não obstante, parece duvidoso que atingimos um conhecimento histórico suficiente de cada país para poder perceber algumas importantes diferenças de circunstâncias e tradição nacionais, e assim acrescentar algo de significativo às idéias gerais já conhecidas. Preferimos, portanto, o caminho inverso de retomar e rediscutir, à luz de alguns casos mais amplamente conhecidos, especialmente o Brasil e a Argentina, algumas hipóteses gerais formuladas para todo o continente.

O surgimento político das classes populares apresenta algumas dificuldades adicionais quando examinado sob o ângulo do populismo. Uma delas vem de que o problema, por sua própria relevância, é ponto de confluência, e às vezes de confusão, de diferentes tradições intelectuais e ideológicas. Como fenômeno histórico, o populismo constitui sempre um impacto considerável sobre as ideologias políticas modernas, em qualquer de suas tendências. Tanto para liberais como para socialistas — para só mencionar aquelas ideologias modernas que oferecem um horizonte para o conhecimento racional da sociedade —, o populismo apresenta uma significação extremamente duvidosa e perturbadora, por sua especial capacidade de conciliar aspectos essencialmente contraditórios na perspectiva das leis que regem a sociedade capitalista e o Estado moderno. Como se sabe, por muito tempo o populismo foi visto por representantes dessas tendências, especialmente por aqueles mais influídos pela tradição européia, quase como um "equívoco histórico". Uma espécie de aberração da História que se apoiaria, essencialmente, na *"inexperiência democrática"*, ou na *"inexperiência de classe"*, das massas urbanas supostamente de origem agrária recente, e na "falta de princípios", ou na *"ilimitada capacidade de manipulação"*, de alguns líderes.

Hoje, examinando o populismo com esta mínima distância permitida pela perspectiva histórica, é possível propor uma interpretação diferente. Contudo, haverá que compreender as raízes da perplexidade denotada nas caracterizações sumariamente aludidas anteriormente. Em verdade, governos como os de Perón e de Vargas são, a rigor, anti-liberais e anti-socialistas ao mesmo tempo. E como se isto não bastasse, são capazes de "usurpar" objetivos que "normalmente" poderiam imputar tanto a liberais quanto a socialistas, tais como a luta contra as oligarquias, mais evidente no peronismo que no getulismo, a formação de uma burguesia urbana e a intensificação do desenvolvimento industrial, a expansão do sindicalismo e a liderança do comportamento operário etc. Eis, portanto, um assunto sobre o qual será necessário voltar mais adiante, particularmente quando considerarmos de modo mais amplo o tema e as hipóteses deste estudo. Deixemos dito que aí reside uma das dificuldades reais para a análise da emergência política popular, ao mesmo tempo que é uma das fontes do interesse intelectual pelo tema.

Um segundo problema — que está nas raízes do anterior — consiste em que a interpretação do tema particular obriga o exame, pelo menos em suas linhas gerais, das circunstâncias em que se abre a ruptura das bases desta especial formação social do capitalismo na América Latina que se tem convencionado chamar, embora de maneira que nos parece inadequada, de "sociedade tradicional". Trata-se do lento e difícil rompimento dos fundamentos de uma ordem social que chegou a se enraizar de modo tão profundo em solo latino-americano que pôde por vezes sugerir a impressão equívoca de se confundir com o próprio "modo de ser" dos países da região. Tão manifesta foi a capacidade das velhas estruturas de persistir e de permeabilizar-se as novas forças sociais, tão consolidadas estiveram desde os últimos decênios do século XIX até os primeiros do XX, tal foi sua capacidade de, apesar de tudo, manter vivas certas tradições do período da Independência e, contraditoriamente, preservar também muito das relações sociais formadas no período colonial, que a chamada "sociedade tradicional" pôde, paradoxalmente, fazer esquecer as condições de sua própria formação nos quadros do sistema capitalista internacional e apresentar-se como se aí estivesse desde sempre.

As classes populares surgem no bojo da crise desta sociedade e não poderiam permanecer infensas às circunstâncias que presidem sua formação. É nas peculiaridades dessa formação social que deverão ser buscadas as explicações fundamentais para as características do comportamento popular durante o período populista.

Essas peculiaridades são evidentemente distintas de país para país, o que nos obriga a estabelecer desde agora o sentido e as limitações que assumem neste trabalho as referências comparativas entre os casos do Brasil e da Argentina. Cumpre reconhecer que ambos os países possuem um conjunto significativo de características comuns. Uma dessas, e da maior importância para nossos objetivos, reside no fato de que em ambos os casos o surgimento político das classes populares encontra-se essencialmente vinculado à formação de governos e movimentos sociais que se constituem no que poderíamos designar como "sistema populista":[3] *estrutura institucional de tipo autoritário e semicorporativa, orientação política de tendência nacionalista, antiliberal e antioligárquica; orientação econômica de tendência nacionalista e industrialista; composição social policlassista, mas com apoio majoritário das classes populares.*

Em ambos os países, a formação deste "sistema" está condicionada, por um lado, pela crise da economia de exportação e pela reorientação para as atividades industriais, que assinalam o período posterior aos anos de 1930; e, por outro, pela crise de hegemonia da burguesia oligárquica e do sistema institucional liberal vigente na etapa histórica anterior. Depois da crise da ordem oligárquica, frustram-se as tendências restauradoras presentes em ambos os países, do mesmo modo que os movimentos populistas mostram-se incapazes de liquidar, mesmo quando no governo, com as bases de poder dos grupos oligárquicos remanescentes.

Do ponto de vista que interessa mais diretamente à situação social e política das classes populares emergentes nos dois países populistas, haveria que observar, por um lado, seu caráter predominantemente *urbano* e, por outro, que a incorporação política destas massas se faz *"de cima"*, ou seja, por partidos ou líderes de "classes superiores" que previamente controlam as funções do governo. Em ambos os casos, geralmente são as mesmas circunstâncias de política internacional intervenientes e os processos ocorrem aproximadamente à mesma época.

Evidentemente, Brasil e Argentina se assemelham a muitos outros países da América Latina por algumas ou várias das características mencionadas. E a semelhança não é por certo meramente casual. Em realidade, se o processo de surgimento político das classes populares pode ser pensado, pelo menos no nível mais geral, como um fenômeno comum a todos (ou quase todos) os países da região, isto se deve às similitudes básicas de sua formação histórica na "periferia" do mundo capitalista.

Não obstante, seria difícil encontrar outro país latino-americano que apresentasse o conjunto das características mencionadas para o Brasil e a Argentina. Na história de vários deles será possível encontrar tendências populistas ou mesmo governos populistas (a situação mais próxima seria talvez a da Guatemala entre 1945 e 1954). Contudo, seria pouco provável o reencontro daquele conjunto de traços que permitiriam descrever, senão definir, um "sistema" populista. Veja-se, por exemplo, o Chile nos períodos de Arturo Alessandri, da Frente Popular e do segundo governo Ibañez, da mesma forma que setores do FRAP e da Democracia Cristã; o Peru para as primeiras etapas do APRA ou algumas tendências do governo de Belaunde Terry; a figura de Gaitán e também, em certo sentido, o governo de Rojas Pinilla na Colômbia; o breve período de Bosch na República Dominicana, onde se forma rapidamente um movimento nacional-popular revolucionário que deixa muito atrás a liderança populista. De todos os modos, são tendências ou aspectos dentro de um quadro político geral que, em conjunto, dificilmente se assimilaria ao anteriormente indicado para a Argentina e o Brasil. Se é possível referir-se ao populismo como um fenômeno geral na América Latina, deveria se admitir que estes dois países constituem um caso extremo de algumas possibilidades históricas verificadas em outros países da região e que, portanto, seu exame poderia oferecer elementos para o estudo das situações aí verificadas. Por outro lado, ainda para considerar somente os casos do Brasil e da Argentina, haveria que registrar algumas diferenças básicas de formação e de tradição nacional que introduzem algumas significativas mudanças no referido quadro de características comuns.

Esse último aspecto merece alguma atenção nesta introdução, devido à relativa freqüência de referências comparativas entre o Brasil e a Argentina. Uma primeira e fundamental diferença de formação histórica do Brasil comparado com os países de tradição espanhola está no modo da incorporação do Brasil no século XIX ao sistema capitalista contemporâneo da Revolução Industrial, que se encontra radicalmente influído pelo fato de ter sido nos séculos anteriores a peça central do sistema colonial português. Neste sentido, nenhum outro país de fala castelhana será mais diferente do

Brasil que a Argentina, que permaneceu como área marginal no interior do sistema espanhol durante boa parte do período colonial. Desse modo, o capitalismo encontrará no século XIX argentino o terreno praticamente aberto para sua expansão (com a ressalva das populações do interior vinculadas tradicionalmente ao vice-reinado do Peru); enquanto no Brasil essa expansão deverá, de algum modo, pagar o preço do imenso "passivo" colonial expresso nos setores agrários decadentes, no tamanho da população rural das áreas de antiga colonização, etc.

Segundo nos parece, essas diferenças de formação dão as raízes mais distantes para algumas importantes distinções entre os dois países no referente ao tema em questão, como em relação a muitos outros. Mencione-se entre as peculiaridades nacionais a enorme importância que assume na Argentina (muito mais que no Brasil), a imigração estrangeira na composição das "classes médias" e das classes populares no período do regime oligárquico. Isto tem algo a ver com a maior individualidade política conseguida pelos movimentos de classe média argentinos diante da oligarquia, quando comparadas com os movimentos das classes médias brasileiras de antiga formação. Refira-se também à importância, maior na Argentina, da classe operária no conjunto das classes populares, fator que não está de todo alheio ao importante papel desempenhado pelo sindicalismo argentino durante o período peronista e à maior amplitude social das alianças de classe que compõem o populismo brasileiro.

Dar conta de todas essas diferenças, ainda no quadro das muitas semelhanças existentes, exigiria um exame histórico detalhado de cada um dos países que não esteve em nossas possibilidades realizar. Desse modo, exceto para aqueles aspectos, cujo caráter permite uma pretensão generalizadora, as comparações reduzem-se aqui a referências tópicas. Orientamo-nos, especificamente, pelas características do caso brasileiro, aparecendo as referências à Argentina mais como contraponto que cumpre a função de ajudar ao esclarecimento dos temas em discussão do que de acrescentar algo ao já conhecido pelos historiadores, cientistas políticos e sociólogos argentinos. Reconhecidamente limitada, esta perspectiva comparativa tem, quando menos, a utilidade de rediscutir, à luz da situação brasileira, algumas hipóteses formuladas para toda a América Latina a partir da história recente da Argentina, um dos países melhor estudados do continente.

Notas

1. A expressão designa, de maneira provisória, todos os setores sociais — urbanos ou rurais, assalariados, semi-assalariados ou não-assalariados — cujos níveis de consumo estão próximos aos mínimos socialmente necessários para a subsistência. Uma forma de utilização empírica desta noção poderá ser encontrada mais adiante, neste livro.
2. Gino Germani, um dos pioneiros no estudo dos movimentos populares latino-americanos, prefere a expressão "movimento nacional-popular". Neste trabalho usaremos sempre a designação "populismo" para referir a um tipo particular, não revolucionário, de movimento nacional-popular.
3. Como tudo o que se refere ao populismo, essa expressão deve ser tomada provisoriamente. Um dos temas de nosso trabalho é exatamente o da impossibilidade do populismo como sistema político.

CAPÍTULO IV

Classes populares e política

Uma das origens deste como de outros temas que hoje ocupam as atenções gerais dos pesquisadores latino-americanos está nas reflexões de alguns pensadores e sociólogos europeus sobre as relações entre a presença das massas na política e a profunda crise por que passa a democracia liberal a partir do primeiro pós-guerra. Como se sabe, a democracia era vista sob a ameaça da expansão do fascismo e também da vitoriosa Revolução Russa com suas notáveis repercussões sobre o movimento revolucionário europeu. E ambas as orientações políticas, apesar de seu radical antagonismo, tendiam a ser identificadas, na perspectiva liberal da época, pelo apoio que conseguem, cada uma a seu modo, na "rebelião das massas" e pelos seus efeitos disruptivos, embora em direções totalmente distintas, sobre a ordem institucional formada nas matrizes do liberalismo.

Surgem neste contexto alguns dos temas mais caros à sociologia e à ciência política inspiradas nos valores liberais. Referimo-nos à preocupação com a crise do "público" democrático e racional e com a tendência à sua substituição pelas "situações de massa" carregadas de emocionalidade, com a crise do equilíbrio dos poderes e com a desmoralização dos parlamentos e a tendência à hipertrofia dos executivos, com a emergência de formas de autoritarismo político massivo.[1]

É este também o contexto intelectual em que Mannheim formula a noção de "democratização fundamental da sociedade" com base no conceito de "mobilização social" que influencia, como veremos, a maior parte dos estudos latino-americanos sobre o comportamento político das classes populares: "(...) a sociedade industrial moderna põe em ação aquelas classes que anteriormente só jogaram um papel passivo na vida política".[2] E esclarece: "Hoje um número crescente de grupos sociais pressiona por participar do controle social e político e reivindica a representação de seus próprios interesses. O fato de que estes grupos sociais venham de massas intelectualmente atrasadas é uma ameaça àquelas elites que antes procuravam manter as massas no nível intelectual baixo enquanto puderam supor que a ignorância das massas conduziria a seu afastamento da política. Mesmo os ditadores atuais se esforçam, depois de terem chegado ao poder, em amortecer o impulso de ação daquelas massas cujas energias recentemente mobilizadas lhes permitiram ascender à sua posição presente. Evidentemente, isto pode ter êxito por algum tempo, mas no longo prazo o sistema industrial conduz a um modo de vida que constantemente revigora as massas e, na medida em que elas tomem parte na política, suas insuficiências políticas passam a ser de preocupação geral e ameaçam as próprias elites". (...) "Na medida em que a democracia foi apenas uma pseudodemocracia, pois garantiu o poder primeiro somente a um pequeno grupo de proprietários e de pessoas educadas e apenas gradualmente ao proletariado, ela conduziu ao crescimento da racionalidade, embora isto não significasse mais que a representação racional de seus próprios interesses. Mas desde que a democracia tornou-se efetiva, isto é, desde que todas as classes puderam tomar um papel ativo, ela transformou-se de modo crescente no que Max Scheler chamou uma "democracia das emoções".[3]

Na sociologia de Mannheim, esta temática chega a atingir o cerne do liberalismo político clássico e também de seus supostos econômicos, obrigando sua reformulação e abrindo caminho às teorias da planificação democrática. Não podemos esquecer que a época é de expansão dos monopólios, pondo em questão as teorias clássicas sobre o equilíbrio imanente da economia. Por outra parte, a crise política chega a pôr em dúvida a própria *concepção de uma racionalidade do Estado.*[4]

Aplicada à Europa (ou aos Estados Unidos) de após a Segunda Guerra Mundial, essa temática perdeu, sem dúvida, muito de sua força com a derrota do fascismo, com a intensificação do desenvolvimento econômico e, com as mudanças sofridas neste período pela antiga estrutura institucional liberal. Permanece em alguns a inspiração,[5] mas o fato é que os aspectos políticos da situação européia perderam, pelo menos do ponto de vista liberal, muito do dramatismo que tiveram na etapa anterior. Hoje, a expressão "sociedade de massas", por exemplo, é relacionada por muitos autores diretamente com "sociedade de consumo", "affluent society", "sociedade industrial", etc., e parecem quase esquecidas suas acepções políticas anteriores. E no plano do comportamento popular, as idéias de maior impacto enfatizam menos suas potencialidades de ruptura que sua acomodação à ordem vigente. As atuais "situações de massa" importam menos como ameaça à ordem política que como expressão de uma "despolitização" por que estariam passando as classes sociais européias, inclusive a *classe operária.*[6]

Essa mudança da temática tem, evidentemente, muito que ver com o ponto de vista atual predominante na Sociologia e na Ciência Política latino-americana. Não obstante, o que importa assinalar agora é que se bem a original inspiração liberal do tema tenha perdido relevo nos "países avançados", parece certo que, com todas as ressalvas naturais ao caso, ganhou muita significação quando se trata dos "países subdesenvolvidos" da América Latina e da Ásia ou dos "Estados novos" da África. Mudou, por certo, o contexto histórico, o que de si obriga inevitáveis adaptações, e mudou também, embora em menor grau, o contexto teórico, com as reorientações teóricas sofridas pela Sociologia e pela Ciência Política. Contudo, será sempre possível encontrar, de maneira explícita nos trabalhos de Germani e Deutsch, que estão entre os primeiros a ocupar-se do tema, do mesmo modo que mais recentemente, em David Apter e Reinhard Bendix, os *elementos básicos daquela temática liberal*[7] que se encontram implicitados em muitos, ou quase todos, dos trabalhos conhecidos sobre o assunto.

Não obstante, em seu novo contexto, o velho tema do surgimento político das classes populares reaparece com outra linguagem e outras conotações. Na América Latina, em geral desde o segundo pós-guerra, os temas dominantes estão todos relacionados a idéias como *desenvolvimento, democratização* e *modernização.* No que se refere à relação entre classes populares e políticas, o problema já não se constitui apenas do ponto de vista de uma sensibilidade liberal cujos valores e instituições se vêm ameaçados, mas de um ponto de vista mais amplo diz respeito aos chamados "problemas do desenvolvimento" (qualquer que seja o sentido que se atribua a esta expressão). Ou seja, os temas se constituem no confronto, implícito ou explícito, entre as sociedades "tradicionais", "subdesenvolvidas" ou "pré-capitalistas" (segundo a postura teórica e ideológica que se adote) da América Latina e as sociedades "modernas", "desenvolvidas" ou "capitalistas" da Europa e dos Estados Unidos. A observação vale tanto para as sociologias da modernização quanto para as teorias do desenvolvimento econômico. E não está muito longe da verdade ao indicar a postura intelectual básica de amplos setores da esquerda latino-americana que buscaram, neste período, orientar sua ação e seu conhecimento com a teoria da "revolução democrático-burguesa".

Faz-se desnecessária, para os objetivos deste capítulo, qualquer consideração sobre as diferenças teóricas e ideológicas, de resto bastante conhecidas, existentes entre essas concepções sobre a situação de transição na América Latina; o que poderia ter algum interesse, em razão dos percalços sofridos por essas teorias perante as peculiaridades vividas pelos países latino-americanos, seria pôr em destaque alguns de seus elementos comuns. Uma primeira observação a fazer é que no confronto entre "países atrasados" e "países avançados" — qualquer que seja a concepção que se tenha de cada um desses "momentos" — a transição é sempre suposta como passagem necessária de um "pólo" (também "etapa" ou "modelo") a outro. A segunda observação que, como a primeira, não pode aqui ir além de uma referência sumária, é que neste confronto entre "etapas históricas", ou entre "modelos" referidos a situações objetivas, tende a desaparecer, pelo menos aparentemente, qualquer inspiração ideológica da temática sobre a situação de transição.

No âmbito interno de cada uma dessas concepções, o padrão de racionalidade se faria por juízos, supostamente objetivos, sobre a realidade do mundo "desenvolvido", "moderno" ou "capitalista", e aparentemente nada teria a ver, como no caso da temática liberal referida anteriormente, com a crença em valores políticos ou morais que se busca defender ou que se aspira a realizar. Diante dos manifestos contrastes entre "países avançados" e "países atrasados" parece embotar-se a sensibilidade ideológica em geral para adquirir relevo uma "sensibilidade moderna" que se pretende fundada puramente em juízos racionais e científicos. Para a teoria da modernização, do mesmo modo que para a teoria da revolução democrático-burguesa sobre a passagem do "pré-capitalismo" ao "capitalismo", a sociedade moderna e capitalista é sempre concebida de modo racional (o que não significa necessariamente que seja melhor). Talvez se possa falar de "desenvolvimento" como de uma ideologia, mas isto se deve, segundo nos parece, muito menos ao modo de conceber o desenvolvimento do que à freqüente associação entre essa teoria e certas tendências ideológicas ao estilo do nacionalismo e do populismo. Enfim, diante dos "desequilíbrios" e das irracionalidades" percebidas nos "países atrasados" quando comparados com os "países avançados", tendem a obscurecer-se os conteúdos ideológicos subjacentes a qualquer das perspectivas mencionadas e a pôr-se em destaque o que elas têm de comum: sua filiação à "modernidade".

1. Participação econômica e participação social

Neste novo contexto, o surgimento político das classes populares tem sido considerado mais como um aspecto do processo de desenvolvimento da democracia — que se supõe em curso acompanhando a modernização, o desenvolvimento econômico ou a ascensão da burguesia industrial — que como uma ameaça manifesta a uma ordem "democrática" já estabelecida. Daí que um autor como Germani prefira definir as últimas etapas de seu conhecido esquema do desenvolvimento político latino-americano em níveis diferenciais de *participação* numa "democracia representativa" que se supõe constante: "democracia representativa com participação restrita", "democracia representativa com participação ampliada" e finalmente "democracia representativa com *participação total*".[8] Reconhecendo de maneira explícita a inspiração do "modelo europeu", o autor não esquece as peculiaridades latino-americanas. Ocorre, porém, que essas tendem necessariamente a ser tomadas à conta de "desvios" a um padrão de desenvolvimento político supostamente *comum.*[9] Daí que a interpretação do comportamento popular sob formas populistas deva recorrer às diferenças de *seqüência* e de *rapidez* dos processos de mudança entre a América Latina e a Europa que caracterizariam a particular *assincronia* da transição, ou a noções negativas corno *"falta de experiência política"* ou *"falta de experiência de classe"*.[10] Hipóteses que se bem tenham o mérito de chamar a atenção para os temas da "mobilização" e da "participação" assumem, de um ponto de vista histórico, um valor interpretativo por vezes duvidoso.

Para que tenhamos mais amplamente esboçado o campo dessa nova temática, seria ainda interessante referir alguns problemas derivados de observações sobre as modernas "sociedades de massa", cuja valorização do consumo haveria atingido uma relevância para o entendimento do comportamento social que não se poderia suspeitar nas primeiras etapas do capitalismo. Tomemos, por exemplo, a utilização da noção de "efeito de demonstração", pela qual se pretenderia explicar uma pressão popular sobre o consumo que assumiria nos "países atrasados" características semelhantes às observadas nos "países avançados". E relacionado com esse tema encontraremos também a preocupação com a significação econômica e política do "redistributismo", freqüentemente associado a políticas de tipo populista, e também com os "desníveis" entre participação econômica e participação social nos "países atrasados".

A preocupação com o tema do comportamento do consumidor é, por certo, mais difundida entre economistas que entre sociólogos. Para os primeiros um problema de interesse seria o de saber que significação poderia assumir o "re-distributivismo", que afeta a capacidade de capitalização e a amplitude de mercado, no referente às possibilidades de desenvolvimento econômico de um país. Do mesmo modo que devemos também aos economistas as conhecidas hipóteses sobre o crescimento "hipertrofiado" do Setor Terciário que nos coloca de modo indireto um problema semelhante: o crescimento dos setores produtivos pareceria menor que o crescimento das pressões urbanas sobre as possibilidades de consumir. De todos os modos, os sociólogos e cientistas políticos, embora mais preocupados com a explicação do comportamento popular, não ficaram alheios ao assunto, pois o crescimento das pressões sobre as possibilidades de participação econômica encontra-se de alguma forma associado à ampliação das possibilidades de participação política.

A propósito, Alain Touraine considera de fundamental importância para o entendimento da situação operária no Brasil as diferenças de ritmo entre o desenvolvimento econômico e o desenvolvimento político. Em estudo sobre a classe operária paulista, diz que "a nova massa operária se distingue das categorias européias correspondentes, de fins do século XIX, menos por seu nível econômico que por seu lugar na sociedade. Em vez de uma extensão progressiva da democracia política, das reformas sociais e da produção econômica, o Brasil conheceu uma ruptura brutal com a democracia limitada, dominada pelos grandes proprietários, ao mesmo tempo em que se dá a eclosão de centros urbanos extremamente modernos, nos quais os meios de comunicação de massas assumem uma importância comparativamente maior que nos velhos países industriais europeus".[11] "*A característica essencial da sociedade urbana brasileira é, com efeito, a defasagem entre a vida econômica e a vida social e cultural.* Na Europa, a democracia social foi lentamente conquistada pela classe operária e o consumo de massas só apareceu recentemente, isto é, após uma longa história de desenvolvimento econômico e de transformações políticas".[12] E acrescenta: "se fosse necessário definir sociologicamente, e não apenas economicamente, os países subdesenvolvidos ou, mais exatamente, em vias de industrialização, em relação aos países de industrialização mais elevada e mais antiga, seria esta defasagem, este maior desenvolvimento da democracia ou da cultura de massa sobre o desenvolvimento econômico que deveria ser considerado como o fator fundamental". E Torcuato di Tella faz considerações semelhantes ao analisar, em estudo recente, as condições do populismo: "os meios de comunicação de massas elevam os níveis de aspiração de seu público, em particular nas cidades e no caso das pessoas educadas. É o que com acerto se chamou de 'revolução das aspirações'. (...) Quando se abrem as válvulas de uma sociedade tradicional ninguém pode predizer quanta pressão buscará saída. O processo é relativamente repentino porque certos efeitos da modernização movem-se por uma grande energia, em particular os vinculados com a elevação das aspirações cuja implantação é relativamente fácil e barata. O rádio, o cinema e os ideais dos direitos do homem e as constituições escritas se difundem com grande velocidade, certamente maior que aquela de que se dispôs na experiência européia dos últimos séculos. No entanto, a expansão econômica permanece atrasada, abafada pela explosão demográfica, falta de capacidade organizativa ou dependência com relação aos mercados externos e ao capital estrangeiro, ou ainda por esforços prematuros em favor da redistribuição. Necessariamente se produz um beco sem saída quando as aspirações elevam-se acima das possibilidades de satisfação".[13]

Convém esclarecer que está longe de nossa intenção qualificar essas teorias como estranhas às vicissitudes por que passou a sociedade latino-americana nos últimos decênios. De um ponto de vista histórico, elas são perspectivas tão "latino-americanas" — ou tão universais — quanto qualquer outra possível. Se os intelectuais latino-americanos, independentemente de qualquer postura ideológica determinada, tiveram de examinar a América Latina do século XX para fazer uma comparação nem sempre muito adequada com a Europa do século XIX, do período da expansão burguesa e da formação da "democracia ocidental", isto se deve porque em alguns aspectos a América Latina *parecia* repetir — embora com o que se supunha serem inevitáveis "desvios" — fases anteriores da história européia.

Hoje, contudo, diante da crise, manifesta na maioria dos países latino-americanos, dos processos de democratização e de desenvolvimento nacional, ou seja, com a frustração das chamadas "burguesias nacionais", já não há como evadir ao desafio posto pela situação da América Latina a essas arraigadas tradições teóricas. Já hoje é difícil entender esta fase da história latino-americana como transição para uma sociedade "urbano-industrial", que em vários países não conseguiu negar que seus pontos de apoio básicos ainda residem no campo e nas economias de exportação. Ademais, o suposto do desenvolvimento capitalista nacional parece tornar-se bastante duvidoso quando se observa que a industrialização passa a associar-se a capitais externos para prosseguir, e não consegue recusar o fato da dependência do conjunto da economia em relação aos mercados externos.[14]

Período de desenvolvimento, de democratização e de modernização que parece concluir pela frustração de seus próprios projetos, esta etapa histórica coloca para qualquer das teorias mencionadas um desafio. Momento de encerramento de um período, este é também um momento de revisão das concepções criadas na América Latina nestes últimos decênios.

Os temas históricos propostos permanecem, apesar de tudo. Entre eles, o surgimento das classes populares na cena política, e sua dupla pressão sobre as estruturas do Estado e do mercado. Localizados num ponto de passagem entre uma visão de América Latina que se esgota por insuficiente e outra que apenas começa a constituir-se, entre uma fase histórica que termina pela frustração de seus projetos e outra que apenas começa a formular seus caminhos, não nos seria possível ignorar o passado intelectual e histórico, em que nos formamos e que, evidentemente, estará presente no transcurso deste estudo. Daí que freqüentemente nos vejamos obrigados à crítica, implícita ou explícita, das concepções que tiveram vigência até aqui e, sobretudo, a comparações com a história européia que por vários motivos deveria se evitar.

2. História e poder

A América Latina nasce e se desenvolve sob o influxo da formação e consolidação do capitalismo. Esta afirmação, que não contém em si nenhuma novidade, tantas e tantas vezes provada pelos historiadores das mais diferentes tendências e especialidades, necessita contudo ser lembrada quando se trata de buscar uma nova perspectiva para o entendimento dos problemas latino-americanos. Tendo sua origem como área de domínio colonial da Espanha e de Portugal e tendo passado, após a ruptura do sistema colonial, para a área de domínio imperialista da Inglaterra e, depois, dos Estados Unidos, os países latino-americanos nasceram e se desenvolveram nos quadros da relação de subordinação exigida pela expansão mundial do sistema capitalista.

No entanto nessas circunstâncias de sua formação histórica encontra-se a radical originalidade da América Latina dentro dos marcos do sistema. Entendamo-nos bem: não se menciona um "vício" de origem, mas trata-se de chamar a atenção para uma diferença dos países latino-americanos, que se formaram como Estados nacionais em meio à crise do sistema colonial e no contexto da emergência de um novo sistema de dominação internacional.

Nestas condições, não é sem motivo que os intelectuais e políticos, de qualquer posição ideológica, insistem em referir seu conhecimento e sua ação à Europa e aos Estados Unidos. A referência é obrigatória, seja nas variadas posturas de deslumbramento ante as "sociedades modernas" — deslumbramento que vem desde o período da Independência e diga-se, de passagem, então com maior eficácia do que hoje, seja na atitude de recusa da dependência e de busca autônoma do desenvolvimento que constitui, desde os anos de 1920, um dos núcleos do nacionalismo latino-americano.

Da mesma forma, é certo que os países latino-americanos não podem ser compreendidos sem referências às leis fundamentais do capitalismo do qual fazem parte. Todo o problema está em saber qual o modo adequado de aplicação dessas leis. O procedimento mais usual entre os estudiosos desses países tem consistido em tomar o que lhes é peculiar à conta de "desvios" de uma matriz de formação histórica pretensamente comum. Segundo nos parece, este procedimento contém um equívoco: não propriamente o de tratar de entender os países latino-americanos nos termos das leis gerais do sistema capitalista, mas exatamente o de confundir a vigência dessas leis com a formação histórica européia. Equívoco grave do ponto de vista histórico, pois supõe que as leis sociais e econômicas capitalistas só podem ter a forma de expressão que se observa na formação do capitalismo europeu (e americano), ou seja, dos países que se constituíram na origem e no centro do sistema.

Daí os inevitáveis desajustes das análises que buscam entender o desenvolvimento político da América Latina nos últimos decênios por comparação com o "modelo" de formação da democracia liberal, que apenas consegue expressar as linhas mais abstratas de um processo histórico extremamente complexo que se estende desde o século XVII até os primeiros decênios do século XX. Aí encontraremos a raiz de alguns problemas interpretativos que se verificam nas análises sobre o movimento popular latino-americano, informadas nas teorias sobre o comportamento da classe operária européia de fins do século XIX e inícios do século XX.

Neste estudo algumas peculiaridades da formação política e social da América Latina assumem um papel decisivo. A propósito, uma primeira observação, de radical importância para as considerações que seguem, está em que nesses países o Estado se forma como Estado-nação, como Estado liberal e também como Estado de classe *a partir da Independência, e se consolida, em geral, na segunda metade do século XIX, como expressão de uma burguesia agrária e comercial interessada em desenvolver uma economia de exportação de produtos primários.* A esta classe, que assume a hegemonia social e econômica de uma sociedade que deixa sua anterior condição colonial e passa a incorporar-se do sistema capitalista vigente na época da Revolução Industrial, *coube em países como o Brasil, a Argentina e o Chile também a hegemonia política sobre os novos estudos em formação.*

O processo, que se tem por "clássico", de formação do Estado nos países europeus segue um caminho distinto. Como se sabe, ele se compatibiliza, essencialmente, com a formação de um mercado interno (aí incluído o de trabalho), com uma burguesia industrial que assume a hegemonia política e conforma o Estado à sua maneira e a seus interesses. Compatibiliza-se, ademais, com a expansão capitalista sobre as colônias e com a definição de um território nacional. Formam-se, pois, conjuntamente, o Estado como Estado-nação e uma burguesia industrial como burguesia nacional, em países que já nesta etapa assumem uma posição dominante em relação a amplos setores do mundo não-industrial.

Na América Latina poder-se-á reconhecer, particularmente no período em que os novos Estados nacionais se encontram consolidados, a presença de grupos de "classe média urbana". Estes, porém, nada têm a ver com uma burguesia industrial que, para seguir o "modelo" europeu, disputasse a hegemonia com as "classes tradicionais", em nome de seus próprios interesses de formação do Estado-nação e de consolidação do mercado nacional. De fato, a burguesia industrial encontra-se politicamente ausente como classe e, de nenhum modo, pode-se dizer que sua ausência compromete a existência do Estado como tal. Ademais, se é permitido hoje, no âmbito da crise do Estado, duvidar da existência de um Estado-nação na América Latina, a dúvida nasce menos das pressões de um empresariado industrial que das classes populares para as quais as instituições políticas nacionais não adquiriram ainda uma plena realidade.

A segunda observação diz respeito ao desenvolvimento das estruturas de poder nestes últimos decênios. Importa assinalar novamente a ausência de uma burguesia industrial que fosse capaz de reconhecer-se, nos planos econômicos e político, como classe nacional e de reivindicar a hegemonia. Com efeito, *depois da crise hegemônica das classes agrárias, caberá a determinados grupos de classes diferentes, mais que a uma determinada classe nacional, o papel de dar encaminhamento às pressões sociais que conduzem à modernização das estruturas políticas.* Trata-se, como se sabe, de setores de classe média — civil ou militar, tradicional ou moderna —, de grupos oligárquicos "modernizantes" e também de setores do empresariado industrial.

Nossa hipótese é de que a relativa incapacidade demonstrada por esses grupos em assumir as funções de "elite de reemplazo" está associada à persistência — embora em crise e em redefinição depois de 1929 — das estruturas e relações sociais anteriores. Nessas condições, deve-se reconhecer que a matriz dos Estados latino-americanos, apesar de todas as alterações sofridas durante os últimos decênios, é ainda hoje aquela que lhe foi dada pela velha classe desde a segunda metade do século XIX até os primeiros decênios do século XX.

De fato, os novos grupos não encontraram, depois da crise da hegemonia oligárquica, condições de plena autonomia perante as velhas estruturas da propriedade e do poder. Encontraram, por certo, possibilidades de dar encaminhamento a um processo de mudança e também modos de se associar, em alguma medida, a novos projetos de desenvolvimento nacional e de democratização, mas não puderam conduzi-los às suas últimas conseqüências, ou seja, a uma nova afirmação da nação nos planos da economia e da política. Socialmente limitados pelas condições internas criadas em épocas anteriores, *os novos grupos só puderam liderar o processo de mudança enquanto puderam se aproveitar, para seus fins imediatos de grupo, de um dinamismo social que lhes era exterior, do qual a pressão popular era uma das fontes mais importantes.* Dinamismo que, em certos casos, eles estimularam mas não conseguiram produzir e que só parcialmente puderam controlar.

Nessa linha de argumento, poderíamos acrescentar uma terceira observação. Estas mesmas condições que limitam as possibilidades de ação autônoma dos setores médios, grupos oligárquicos "modernizantes" e setores empresariais em frente das velhas estruturas, também determinam de modo particular o comportamento social e político das classes populares. Do mesmo modo que aqueles novos grupos dominantes foram incapazes de dar expressão política aos seus interesses gerais de classe, também à classe operária — setor decisivo entre as classes populares que logravam obter alguma presença política — não restou outra possibilidade de expressão autônoma que aquela definida pela situação de subordinação política em que se encontrava. Conduzida como os demais setores populares por grupos sociais e políticos vinculados ao *statu quo,* a classe operária perderá sua própria identidade dentro de um "pacto social" só possível nos limites definidos pela ordem vigente.

Nestas condições está o essencial do populismo examinado sob um ponto de vista político: fruto de um Estado em crise, seus esforços de renovação e mudança só são possíveis por meio de um complexo sistema de alianças entre grupos ou setores de classes diferentes, todos eles direta ou indiretamente dependentes dos padrões de conduta social e política anteriormente postos em vigência pela velha burguesia oligárquica. A rigor, portanto, toda a capacidade das classes populares de levar a transformações nas estruturas do Estado e da sociedade se encontra limitada pelas próprias alianças sociais de que participam, as quais somente podem subsistir na medida em que não conduzam à liquidação definitiva dos marcos institucionais previamente definidos.

Constituído pelas alianças apenas tácitas entre grupos de classes sociais diferentes e subordinado aos limites impostos pelo *status quo*, a peculiaridade do populismo perante outros tipos de movimentos populares está em que nenhum dos seus grupos componentes aparece como representante dos interesses gerais das classes a que pertencem. No que se refere às classes populares, os setores participantes do populismo — vindos em parte da pequena burguesia, da "baixa classe média" e principalmente da classe operária em formação — tendem, a dissolver-se na "massa". Para exemplificar, diríamos que os seguidores de Perón ou de Vargas identificam-se entre si no plano político (excluído, portanto, o plano sindical) mais como "peronistas" ou "getulistas" que como indivíduos que partilham uma situação de classe comum ou que, tratando-se de pessoas pertencentes a classes diferentes, reconheçam os interesses de classe envolvidos na aliança. Essa identificação da massa com o líder, ou com o partido, não se reduz à mera identificação pessoal; na realidade, traz evidências de se constituir a partir de alguma referência na situação social comum das classes populares, definida muito mais em níveis semelhantes de participação no consumo do que nas relações determinadas com a produção. Isto, porém, não nega o fato de que na complexa aliança de grupos de classes diferentes que se estabelece com o populismo, tudo se passa como se cada grupo esquecesse sua situação real de classe.

Nessas circunstâncias, aparecem claramente aquelas características que dão peculiaridade a esses movimentos diante dos movimentos operários típicos da Europa do século XIX e de inícios do XX. Entre ambos os tipos de movimento deveria se assinalar pelo menos um elemento em comum, resultante da presença da classe operária. Subordinada em alianças como no caso do populismo, ou com a expressão individualizada dos movimentos operários clássicos, o fato é que a classe operária se constituiu num poderoso fator de democratização do Estado. É sabido, por exemplo, que desde os movimentos cartistas até os movimentos socialistas revolucionários, as pressões derivadas das lutas por salários, condições de trabalho etc. estiveram sempre associadas a lutas por direitos sociais e políticos mais amplos. Do mesmo modo, sabe-se que os movimentos operários europeus se constituíram num dos fatores que conduziram à instauração de uma democracia fundada no sufrágio universal.

Mas ainda com relação a esse aspecto reconhecidamente comum deve-se assinalar as diferenças: a primeira está em que na democratização populista o interesse específico pela "democracia social" é muito maior; a segunda, que nos parece essencial, é que o movimento operário típico propõe objetivos sociais e políticos próprios; no entanto, a pressão operária nos quadros do populismo se vê obrigada a subordinar seus objetivos aos dos grupos dominantes que participavam do movimento, ou então a traduzi-los sob a forma de metas "supraclassistas". Destaquemos, portanto, as diferenças.

Nas condições do desenvolvimento europeu cabe à burguesia industrial, portadora de um novo estilo social e econômico, transformar as estruturas tradicionais da propriedade e do poder, e projetar e estabelecer as estruturas modernas. Do ponto de vista que interessa ao estudo das classes populares, este fato adquire uma importância decisiva: o movimento operário europeu constitui-se como tal em face de uma ordem liberal burguesa já constituída. Deste modo, a classe operária pressiona políticamente fazendo uma oposição da classe a um poder de classe. Esta é uma característica distintiva dos movimentos operários que no século XIX conquistaram participação política e obrigaram o regime liberal à sua ampliação, seja porque assumiram ante ele uma posição reformista ao estilo do operariado inglês, seja por resultado efetivo de uma posição revolucionária, como no caso francês.

Além disso, o papel da pressão operária na Europa encontrava-se também determinado de modo similar aos níveis sociais e econômicos: a classe operária formou-se nas condições estabelecidas para o conjunto de toda a sociedade pelo capitalismo industrial em desenvolvimento. Com efeito, as transformações nas relações de trabalho no campo — longo processo de séculos na história européia e em muitas partes anterior ao próprio desenvolvimento industrial — passam a estar influenciadas, depois de determinado momento, pela expansão do capital industrial, ou a cumprir algumas funções básicas para o desenvolvimento ulterior desse: liberalização de mão-de-obra, modernização da produção de matéria-prima e de alimentos, ampliação do mercado consumidor etc. Nas condições de predomínio do capital industrial, as pressões dos trabalhadores por maior consumo ou maior participação política tendiam a repercutir de maneira direta sobre as condições de produção; de um lado, porque a pressão salarial repercute diretamente sobre os custos e tende a constituir, assim, importante fator de renovação tecnológica e de freqüentes choques com os patrões; de outro, porque a ideologia da classe operária reconhece na desigual distribuição das possibilidades de consumo uma condição para o funcionamento do modo de produção vigente que ela, por seu turno, projeta superar ou, quando menos, reformar. Por outra parte, no nível político, a pressão popular tenderá a expressar-se como classe explorada que identifica o Estado e a nação como formas políticas da opressão econômica de outra classe.

No caso latino-americano, o comportamento das classes populares durante o período populista adquire características bastante diferentes. As classes populares (incluída a operária) não se representam na política como classes que se enfrentam ou transacionam com os interesses das demais, mas são representadas, ou melhor manipuladas por líderes ou partidos que vêm de classes "superiores". Não expressam, ou pelo menos não o fazem explicitamente, uma crítica ao modo de produção capitalista, mas manifestam uma pressão sobre o consumo que não esclarece, no nível de sua consciência, as conexões econômicas entre consumo e produção. Não se dirigem a uma pressão contra o Estado, percebido como expressão das classes dominantes, mas exatamente no sentido de participar dele. Finalmente, não se expressam por partidos modernos de classe, mas por "movimentos" de composição social heterogênea, lideranças personalistas ou partidos de estrutura autoritária.

A simples enumeração dessas diferenças poderia levar a imaginar, ainda que de maneira equívoca, que os mecanismos pelos quais as massas latino-americanas têm dinamizado o desenvolvimento político preencheriam a clássica função burguesa de impulsionar a modernização da sociedade e do Estado, função que as condições latino-americanas não permitiram fosse desempenhada à maneira clássica pelos setores empresariais latino-americanos. Poder-se-ia supor que, assim, por caminhos distintos, as sociedades latino-americanas estariam atingindo as mesmas etapas do desenvolvimento capitalista europeu. Se a pressão popular não se expressa como oposição ao modo de produção capitalista e, ainda mais, se depende da direção de grupos já vinculados ao *status quo*, por que não admitir que pudesse ser dirigida para o desenvolvimento capitalista? E esta é, sem dúvida, não só uma possibilidade teórica, mas também, dentro de certos limites, histórica. Enfim, não se encontra esta idéia intimamente relacionada à estratégia de velha esquerda latino-americana sobre a revolução democrático-burguesa (aliança entre burguesia e proletariado), assim como às expectativas da política desenvolvimentista"? O que é certo, contudo, é que esta hipótese, se pode ter alguma vigência histórica na América Latina, nem por isto é suficiente para entendermos o significado da pressão popular para o desenvolvimento econômico; menos ainda para entendermos o complexo quadro político que se abre com a crise do regime oligárquico.

Notas

1. Entre os primeiros proponentes desta temática mencione-se a Karl Mannheim (em particular, *Man and society in an age of crisis*, Routledge & Kegan Paul Ltd., Londres, 1940). Mais recentemente uma ampla revisão desses temas foi procedida por William Kornhauser, *The politics of the mass society,* Routledge and Kegan Paul, Londres, 1960. Na América Latina, Gino Germani retoma esta linha de problemas em *Política e massa, Edições da Revista Brasileira de Estudos Políticos*. Faculdade de Direito de Minas Gerais, 1960, p. 69 e seguintes.
2. Mannheim, *op cit.*, p. 44.
3. Mannheim, *op. cit.*, p. 45.
4. Veja Karl Mannheim, *Libertad, podery planificacion democratica,* Fondo de Cultura Economica, México, 2ª ed., 1960.
5. Kornhauser, por exemplo, declara a intenção de seu livro com as seguintes palavras: "O argumento central deste estudo é que na medida em que uma sociedade é uma *sociedade de massas*, ela será vulnerável a movimentos políticos que objetivam destruir as instituições liberais democráticas; na medida em que seja uma sociedade *pluralista*, essas instituições se fortalecerão". Kornhauser, *op. cit.*, p. 7.
6. A propósito dessa reorientação temática, veja-se José Medina Echavarría, "Las relaciones entre las instituciones sociales y economicas", em *Filosofia, Educación y Desarrollo*, Sigla Veintiuno Editores S.A., México, 1967. Veja também Raymond Aron, *La lute des classes*, Ed. Gallimard, 1964.
7. Gino Germani, *Política* y *sociedad en una época de transición*, Ed. Paidos. Buenos Aires, 1965: Karl Deutsch, "Social mobilization and political development", *The American Political Science Review*, set. 1961, nº 3; Reinhard Bendix, *Nation-building and citizenship*, John Wiley & Sons, Nova York, 1964; David E. Apter, *The politics of modernization*, The University of Chicago Press, Chicago, 1965.
8. As três etapas iniciais são: 1) guerras de libertação e proclamação formal de independência; 2) guerras civis, caudilhismo, anarquia; 3) autocracias unificadoras. Veja Germani, *Política y sociedad*, p. 147 e seguintes.

9. "Até aqui o esquema que se tratou de formular não é novo por certo. É fácil reconhecer nele um processo análogo ao que conduziu à sucessiva ampliação da base política das democracias ocidentais, com a integração dos estratos populares e da sucessiva extensão dos direitos civis, políticos e sociais por meio do sufrágio político, do *welfare state* e do *consumo de massas,* fase mais avançada do desenvolvimento econômico. (...) Mas a transição apresenta nos países de desenvolvimento posterior — como no caso da América Latina — características diferenciais de essencial importância. É sobretudo para essas características que devemos dirigir-nos se queremos compreender o comportamento político dos estratos populares". (Germani, *op. cit.*, p. 152).

10. Germani, *op. cit.*, especialmente p. 241-42.

11. Touraine, A., "Industrialisation et conscience ouvrière à São Paulo", *Revue de Sociologie du Travail*, 4,61, p. 85-86.

12. Touraine, A., *idem*, p. 86.

13. Tella, T. d., "Populismo y reforma en América Latina". *Revista Desarrolo Económico,* abr.-jun., 1965, v. 4, n. 16, p. 393-94.

14. Sobre este ponto, ver ensaio de Fernando Henrique Cardoso e Enzo Faletto. *Dependencia y desarrollo en América Latina* (*Ensaio de interpretación sociológica*), ILPES, Santiago, out. 1967, especialmente partes II e VI. Também Anibal Quigano, *Dependencia, cambio social y urba-nización en Latino-America,* Cepal, Santiago. 1967.

CAPÍTULO V

Liberalismo e oligarquia

Pelas circunstâncias em que se desenvolvem nos inícios do século, como por sua ideologia e composição social, os movimentos das "classes médias" são substancialmente distintos dos movimentos populistas que emergem no segundo pós-guerra. Não obstante, seu exame se impõe, pelo menos em alguns aspectos mais gerais, como uma preliminar necessária à compreensão das condições históricas em que se dá a emergência popular em meados dos anos de 1940. Como se sabe, o surgimento político das "classes médias" está por todas partes associado à crise e à decadência do sistema oligárquico em cujas fissuras aparecem depois os setores populares. Por essa razão, entre outras, os movimentos populistas são, em certo sentido, "herdeiros" de algumas tarefas que se propuseram em seu tempo movimentos como o radicalismo argentino e o "tenentismo" brasileiro, ou das circunstâncias resultantes do fracasso: a crítica da oligarquia e a pressão para a democratização do regime e, em coerência com a crítica da oligarquia, a tentativa de redefinição dos ideais da nação.

É certo que as classes populares emergem para a política nos quadros de um *status quo* diferente daquele contra o qual estiveram os setores médios. Sob o impacto da industrialização e da urbanização que se segue à decadência das economias de exportação, o Estado no período posterior a 1930 pouco tem de parecido — pelo menos em suas exterioridades, diga-se de passagem — com aquele que, nos anos de 1920 (Brasil) ou desde o último decênio do século XIX (Argentina), foi alvo da crítica das "classes médias". Serão, contudo, essas transformações o bastante para que afirmemos, depois dos movimentos dos setores médios, a definitiva superação dos padrões oligárquicos de poder? Sem minimizar as mudanças ocorridas, que não foram poucas, caberia, contudo, insistir em que uma das peculiaridades mais significativas da emergência política das classes populares advém de que embora ocorra em um contexto político diferente do anterior, nem por isso deixará de prestar contas a um passado que nos momentos cruciais ressurge com muito de sua antiga vitalidade. A crise do regime oligárquico, da qual os setores médios aparecem como co-protagonistas, não significa de nenhum modo o fim da oligarquia com a instauração de um novo regime que se pudesse considerar como pleno substituto do anterior.

Desse modo, a análise das condições de emergência política popular nos remete à consideração das estruturas oligárquicas na etapa em que se abre sua crise. Insistimos contudo: não mencionamos apenas um ponto de partida que ficou perdido no passado, mas uma condição passada que é também, em certo sentido, condição presente, pelo menos até os anos de 1960. Enfim, deve-se admitir que os desdobramentos do sistema oligárquico em decadência não estão alheios à história dos nossos dias.[1]

Toda a questão consiste nisto: a crise da oligarquia não se caracteriza por uma ruptura radical e global de seus fundamentos. No Brasil, como na América Latina em geral — com a exceção notável do México e com a possível exceção da Bolívia — a crise da oligarquia não se encontra assinalada por uma revolução, tomada a palavra no sentido, que lhe atribui a história moderna, de uma redefinição do conjunto das estruturas da propriedade e do Estado. Em realidade, trata-se de um longo e complexo processo em que as velhas estruturas tornaram evidente sua capacidade de persistir, e não apenas porque puderam resistir às mudanças que ameaçam suas próprias bases, mas principalmente por terem podido reformular-se e readaptar-se amplamente às novas condições. Mais do que isto, alguns grupos não apenas se readaptaram para resistir com maior eficácia, como chegaram por vezes a associar-se a pressões transformadoras parciais e mesmo, em certas circunstâncias, a promovê-las.[2]

Essas considerações sobre a conveniência de um exame dos movimentos de "classe média" e do Estado oligárquico com o qual se confrontam dizem respeito a uma pergunta central colocada pela crise da oligarquia, mas ainda sem resposta na maioria dos países da América Latina. Pergunta que se propõe à análise dos movimentos de classes médias e dos movimentos populistas, e que ainda hoje se coloca, sua forma nova, ao movimento operário: quais os limites últimos da "permeabilidade" das estruturas "tradicionais" à mudança?[3] Ou, para formular a mesma indagação em termos mais afins com o nosso tema: a pressão popular sobre o Estado e sobre as estruturas produtivas pode ser absorvida sem alterações fundamentais das relações de poder e de produção?

Parece-nos assim conveniente apresentar aqui algumas noções gerais sobre as estruturas oligárquicas de países como o Brasil e a Argentina, oportunidade de uma revisão, que já se faz inevitável, de algumas das idéias de curso corrente sobre a chamada "sociedade tradicional". Como veremos, encontra-se no próprio modo de estruturação do sistema oligárquico a raiz que nos permite compreender as limitações e frustrações dos movimentos de "classe média", como também para avaliarmos as condições mais profundas que conformam o sistema de poder que se segue à crise do "antigo regime", e que condicionará, por sua vez as limitações e frustrações do populismo.

1. Hegemonia da burguesia agrária

Não está em nossos objetivos uma análise histórica detalhada da formação do "antigo regime". Do nosso ponto de vista, importa apenas indagar pelos aspectos mais gerais de seu travejamento estrutural; em particular, pela significação que pode assumir na formação do Estado a paradoxal coexistência de uma ideologia liberal (e também da estrutura institucional que inspira) com os padrões de comportamento oligárquico e tradicionais. O tema, como se sabe, é antigo e se constitui num dos capítulos importantes da história das idéias e da história política dos países latino-americanos. Aí está, em muitos países, desde o período da Independência, esta sempre renovada polêmica entre liberais e conservadores. No Brasil, o tema reaparece nos anos de 1920 com os críticos do liberalismo, que são também os precursores do nacionalismo e do autoritarismo político do período posterior; a propósito, a posição de Oliveira Vianna, talvez por carregar as tintas de maneira excessiva, é, sem dúvida, muito expressiva: "O ideal democrático é (...) — na Constituição de 1824, como na Constituição de 1891 — uma pura criação das nossas elites dirigentes".[4] "Durante o Império e durante a República, sob a Constituição de 1824 ou sob a de 1891, ou sob a de 1934, o nosso *comportamento político* continuou a ser o que era, o que a nossa cultura impunha, e não o que impunham essas cartas. Não alteramos nada durante estes centos e tantos anos de anglo-saxonismo de fachada, da velha tradição personalista da "política de clã" que os três séculos coloniais nos legaram".[5]

Referimo-nos a isto que Medina Echavarria qualifica como o "grande paradoxo" da história da América Latina: "haver mantido por muito tempo em pleno desacordo as fórmulas de uma ideologia com as "crenças" e condutas efetivas da existência cotidiana".[6] O paradoxo diz respeito diretamente à estrutura do Estado mas, como veremos, não permanece aí e chega a alcançar algumas dimensões decisivas do travejamento estrutural da chamada "sociedade tradicional". Registremos agora, contudo, sua primeira forma de expressão neste singular sistema de poder, nesta estranha composição entre oligarquia tradicional e Estado liberal que, a exemplo do Brasil da "República Velha" e da Argentina a partir do último quartel do século XIX, buscou conciliar padrões contraditórios de conduta.

Dominação das elites agrárias e ideologia liberal, conteúdo oligárquico e formas democráticas — eis uma das raízes do Estado latino-americano. Como se sabe, nas linhas do desenvolvimento político europeu o liberalismo confere ao Estado seus fundamentos doutrinários como Estado de direito, democrático e nacional, isto é, estabelece os marcos do jogo político como padrões gerais válidos para todos os cidadãos. Os padrões oligárquicos, pelo contrário, tendem a restringir a participação política aos membros de uma "elite" vinculada à grande propriedade da terra ou àqueles setores que poderiam assimilar-se a ela.[7]

Deve-se acrescentar, para que se tenha clareza sobre a significação história dessas discrepâncias, que elas não se limitam ao plano das idéias políticas, nem mesmo ao plano político-institucional, mas têm que ver com o modo de ordenação das estruturas sociais. A ambigüidade liberal-oligárquica no Estado se associa a fenômenos que também se dão nas relações de produção em geral. Como exemplos, temos as discrepâncias de estilo entre a cidade — centro das funções comerciais, financeiras e políticas — e o campo, dominado pela onipotência da grande propriedade da terra; e elas se dão também no interior desta, que se constitui como uma unidade política, militar, doméstica e social relativamente autônoma, embora caracterizada por suas relações de trabalho "semi-servis" em muitas áreas, mas de todo modo vinculadas à produção de mercadorias.[8]

E a referência dessas condições complica, por certo, nosso problema. Como se sabe, o liberalismo na Europa foi não apenas a doutrina da liberdade política que expressou a ascensão burguesa contra o absolutismo, mas também a teoria da liberdade econômica que se voltou contra os privilégios que se reservavam junto do Estado às classes tradicionalmente vinculadas às atividades agrárias ou às atividades mercantis, e que se apresentavam como obstáculos à expansão industrial. Assim é que no processo de formação das sociedades capitalistas européias, observa-se uma coerência fundamental entre a ideologia liberal que postula um Estado dos homens livres e as relações que esses mantêm nas demais esferas da estrutura social. Poder-se-ia dizer que se observa um acordo básico, pelo menos em termos de tendência, entre as formas de legitimidade política em geral e o quadro das relações econômicas, entre os princípios que regem a participação nos assuntos do Estado e aqueles que têm vigência na produção, apesar de todas as evidentes diferenças, — desníveis e a relativa autonomia de ambas as esferas, a política e a econômica. Aí, por exemplo, um dos significados fundamentais do princípio de "não-taxação sem representação", que se associa à luta da burguesia ascendente contra os privilégios tradicionais. Enfim, a cidadania, a qualidade política, não é apenas um assunto da esfera jurídico-político, mas também da esfera econômica fundada nas relações entre homens livres.

Essas considerações nos reconduzem ao problema que nos interessa diretamente: as condições da participação política popular. Em última instância, a ampliação da democracia aparece na Europa com o peso de uma necessidade histórica que, em muitos aspectos, expressa a dinâmica das condições em que se desenvolve a economia industrial. O processo da industrialização européia criou, em seu próprio desenvolvimento, a mão-de-obra que necessitava e nas condições em que a necessitava. Desse modo, a incorporação das massas de trabalhadores ao processo político se associa, em ampla medida, à sua participação de homens livres na produção, e esta condição de produtor livre é, em última instância, suporte de sua liberdade política.

Na América Latina dos últimos decênios do século XIX e primeiros decênios do século XX, a questão é mais complexa. Como se sabe, as relações sociais de trabalho vigentes na grande propriedade agrícola ou pastoril de velho estilo não se dão entre homens livres, mas se aproximam em alguns aspectos das relações sociais de tipo semi-servil. Limitam a liberdade econômica do trabalhador e praticamente o excluem da possibilidade de participar politicamente com autonomia. E, o que é mais grave, as restrições à liberdade social e política das massas agrárias parecem ser uma necessidade inerente ao modo de produção tradicional do tipo latino-americano.

Em face do exposto caberia indagar: dever-se-ia considerar as instituições políticas liberais do período anterior a 1930 como se fossem meramente a "fachada" do poder oligárquico, sem qualquer vínculo real com as condições sociais então vigentes na produção? Uma conclusão deste tipo poderia parecer inevitável diante dos descompassos do liberalismo dentro de uma sociedade fundada na grande propriedade da terra. E é este, como se sabe, um dos aspectos básicos das críticas antiliberais ao Estado oligárquico.

Contudo, sabe-se que a grande propriedade da terra, sobre a qual se apóia o nosso liberalismo, além de ser uma herança que o período da Independência recebe das circunstâncias em que se processa a colonização, preenche um pré-requisito da produção de alimentos e de matéria-prima. Enquanto na Europa o processo de separação do capital e do trabalho teve a longa duração marcada pela expansão do capitalismo industrial, na América Latina influída desde o período colonial pelas vicissitudes por que passa o desenvolvimento europeu — a estrutura "semifeudal" da grande propriedade aparece como um meio, e talvez o mais eficaz, o mais racional", nas condições da época, para assegurar a produção barata de mercadorias para o consumo externo: "as condições feudais" (...) serviam justamente para reduzir a um mínimo os custos de produção".[9] Enfim, o regime de grande propriedade, que tende a aparecer atualmente como obstáculo à expansão das relações capitalistas, não é originariamente outra coisa que o modo fundamental de instauração dessas relações de produção no continente. Desse modo, enquanto na Europa a transformação das relações sociais do trabalho rural para integrar a produção ao mercado aparece como condição e como resultado da expansão de um centro dinâmico industrial, na América Latina o grosso da produção agrária é, desde sempre, para o mercado, seja o exterior ou o interior (criado pela atividade mineira, por sua vez vinculada ao exterior).

Nessas circunstâncias, impõe-se reorientar a análise dos aspectos oligárquicos do sistema de poder. As relações entre o Estado e a produção — entre a ideologia liberal e os padrões tradicionais oligárquicos, entre a submissão do trabalhador aos interesses políticos dos patrões e sua participação "semi-servil" na produção para o mercado — já não podem ser vistas apenas como uma comparação com a história da formação do capitalismo europeu. Parecem haver fortes razões na sua história para a paradoxal coexistência entre liberalismo e oligarquia. Diríamos mais: essa coexistência, em certo sentido contraditória, *é constitutiva do modo de ser do Estado-nação que se estabelece nestes países no processo de expansão do capitalismo industrial sobre a América Latina.*

Por razões de ordem interna, assim como por razões externas, o Estado-nação aqui está condenado, na etapa chamada pelos economistas de "desarrollo hacia afuera", a vestir formas liberais sobre estruturas de conteúdo oligárquico. Por um lado porque, como observa Anibal Pinto, o "modelo de desarrollo hacia afuera" dependia "essencialmente de fatores externos — demanda e inversão estrangeiras, que só requeriam" lei e ordem — e uma política econômica da "laissez-faire".[10] Assim, em sua relação externa, impõe-se aos produtores desses países um comportamento econômico segundo princípios liberais vigentes nos países imperialistas. Por outro lado, esta mesma vinculação com o exterior obriga a que internamente os proprietários assegurem, por meio de instituições liberais, condições políticas internas de igualdade para participação no jogo do mercado, bem como condições de segurança que só as instituições do Estado podem oferecer para os empresários e inversões estrangeiras de longo prazo.

Daí ser difícil tomar o liberalismo dos países latino-americanos como simples cópia da Europa. Sem duvidar da importância da influência européia, independentemente de qualquer relação com as condições de produção, nosso objetivo aqui é antes o de pôr em destaque alguns fatores que permitem compreender por que esta influência pôde adquirir tal relevância no plano político a ponto de ser adotada como princípio de organização do Estado. A influência liberal encontrou aqui, ao contrário do que se pensa, circunstâncias tão favoráveis que chegou a adquirir foros de cidadania latino-americana.

Uma história da formação do Estado-nação exigiria, sem dúvida, detalhes que não cabem no âmbito desta análise. Não obstante, é possível registrar algumas observações que, como estamos vendo, contrariam em ampla margem os supostos de uma sociologia de desenvolvimento baseada na noção de "sociedade tradicional". Enfim, não será inteiramente casual que o período da República Velha no Brasil ou o da Organização Nacional na Argentina sejam também os períodos de hegemonia dos grupos oligárquicos mais modernos dos respectivos países: no primeiro caso, São Paulo e Minas; no segundo, a província de Buenos Aires. Em ambos os casos, são regiões produtoras para a exportação — café ou gado — que deixaram em situação relativamente marginal ou subordinada os demais setores oligárquicos, sabidamente tradicionais, do interior argentino ou do Nordeste e Sul do Brasil.

Por outra parte, o Estado "liberal" que aqui se forma não podia deixar de ser também um Estado oligárquico. Tanto porque os grupos oligárquicos modernos se viram obrigados a assumir alianças com os setores mais tradicionais, como porque ao liberalismo que então se estabelece não resta outra alternativa senão se limitar às "elites" dominantes. Deste modo, a paradoxal coexistência liberal-oligárquica passa a se adequar às necessidades vigentes de assegurar, no interior, por meio de restrições à participação social e política das maiorias populares, a estrutura de dominação pertinente à eficaz exploração econômica visando ao mercado externo.

Observemos que é só depois dos movimentos de classe média e da emergência política popular, que distinguimos com clareza os limites intrínsecos ao "antigo regime". Vejamos alguns desses limites. A rigor, o conceito de Estado liberal (como o de Estado-nação) não pode no "antigo regime" ser aplicado a toda a população. Do mesmo modo que a "liberal-democracia", a "nação", no período oligárquico, restringe-se às "elites" de grandes proprietários e àqueles setores sociais que, de algum modo, se lhe assimilam.

Desse modo, nesta etapa, poder-se-ia dizer que o Estado é duplamente ambíguo: nas suas relações com o exterior, porque seu liberalismo e sua reivindicação de soberania estão associadas a uma aliança com o imperialismo, condição que nas situações cruciais (que não são poucas na história da América Latina), impugna tanto a liberdade de comércio e a liberdade política como a soberania nacional. A classe dos grandes proprietários, se bem tenha podido organizar Estados nacionais, não tem condições para formular, ou permitir que se efetive historicamente, um ideal de nação desvinculado da produção para o mercado externo. E o Estado é também ambíguo em suas relações internas, pois esta liberal-democracia e a nação sob hegemonia oligárquica não podem tornar-se efetivas para o conjunto do país, pois, para incluírem todos os demais grupos sociais, se fariam necessárias alterações nos próprios fundamentos da estrutura de poder e nas relações de produção em que ela se apóia.

Nesta mesma linha de argumento conclui-se, igualmente, que o Estado oligárquico é apenas parcialmente um Estado, no sentido que a história européia configurou para este conceito. Não é plenamente soberano em suas relações externas e, ademais, configura-se internamente para manter marginalizadas consideráveis parcelas da população do país. Assim, não pode reivindicar uma legitimidade democrática nacional, pois sua existência passa a independer do reconhecimento dos grupos sociais dominados. Sua legitimidade depende apenas do reconhecimento dos setores tradicionalmente privilegiados ou daqueles que lhe são assimiláveis, bem como da persistência das condições históricas e econômicas em que ocorre a marginalização das massas populares.

O certo é que, não obstante suas contradições internas ou talvez por força delas mesmas, estamos perante uma ordem social e política relativamente integrada em torno de determinadas linhas econômicas e políticas, capaz de assegurar sua vigência durante um longo período da história americana e de persistir, em ampla medida, apesar de todas as transformações posteriores à crise. Sua permeabilidade, tão característica na etapa de crise, parece assim encontrar-se estreitamente vinculada à sua própria duplicidade entre as relações oligárquicas de poder e as instituições do liberalismo, entre as relações semi-servis de trabalho e a produção para o mercado, entre a dependência da economia e a ambição de autonomia nacional própria a todo Estado. E esta permeabilidade, um dos mecanismos mais eficazes de defesa do sistema na fase da decadência, tem suas raízes no travejamento estrutural que o sistema pode evidenciar em sua fase de plena vitalidade. Tem muito a ver com o clássico compromisso inscrito na distinção entre "liberais" e "conservadores", vigente em muitos dos países latino-americanos, do mesmo modo que, nos casos do Brasil e da Argentina, se associa às funções "modernizantes" desempenhadas pela "generación del 80" ou pelos grupos da oligarquia do café que estimulam, na segunda metade do século XIX, a substituição do escravo por mão-de-obra imigrante.[11]

2. As "classes médias" e a crise da oligarquia

É nos quadros de uma ordem social e política de individualidade contraditória que vemos surgir os movimentos de "classe média". E sua emergência permite ainda uma vez reafirmar a distinção anteriormente feita entre a esfera das relações políticas e das relações econômicas no "antigo regime": como sabemos, sua crise de conjunto começará dentro do Estado antes de se manifestar na economia. Pode-se dizer que os movimentos de classe média nascem influídos pelas tensões criadas pela convivência que pode, em alguns momentos, ser a fusão dos princípios contrários do liberalismo e dos padrões oligárquicos de poder. Nasce, portanto, das incongruências manifestadas pela velha ordem de poder, e de modo relativamente autônomo diante das demais contradições, as quais são da mesma forma como que se manifestam em outras esferas das relações sociais.

Como se sabe, os movimentos mais notáveis das "classes médias", tanto no Brasil como na Argentina, ocorrem antes da crise de 1929, ou seja, num período em que o sistema econômico tradicional ainda preservava muito de sua vitalidade. Na Argentina, a "defasagem" a que nos referimos é particularmente notória: o radicalismo nasce como movimento organizado (UCR) da insurreição de 1890, fim de uma década de notável crescimento econômico na Argentina.[12] Além disso, os radicais ascendem ao governo com Irigoyen, em 1916, para cair sob influxo dos efeitos internos da grande crise de 1929.

No Brasil, as "classes médias" estão de algum modo presentes na história da República Velha desde a sua fundação. Estão presentes, em certa medida, pelo "florianismo", que deixa marcas sensíveis nos movimentos militares "tenentistas" do decênio dos anos de 1920; do mesmo modo que aparecem também — embora em oposição aos militares — no movimento civilista. E, no decênio de 1920, estarão representadas nos movimentos de 22, 24 e 26, que foram capazes de manter em sobressalto o regime até seu final com a Revolução de 1930. É certo que os efeitos internos da crise não estarão totalmente alheios às circunstâncias em que se processa a revolução, mas é indiscutível que suas raízes vêm de longe, desde a fundação da República, em certo sentido. Por outro lado, deve-se ter presente as circunstâncias de tranqüilidade e até de certa euforia econômica no período Washington Luís (1926-30).

Os movimentos de "classes médias", capazes de abrir a crise política da ordem vigente e, portanto, de afetar seu equilíbrio de conjunto serão, contudo, incapazes de ir além da esfera política onde nasceram. Aí se encontram algumas de suas mais conhecidas limitações. É sabido que, tanto no Brasil como na Argentina, essas classes tiveram que se manter em um nível de reivindicação de participação: almejavam o voto universal e secreto, a moralização dos costumes políticos, enfim, *medidas de efetivação das tendências liberal-democráticas inscritas na própria legalidade oligárquica,* mas não conseguiram formular uma perspectiva própria em relação ao processo de produção. Por outro lado, sua postura política oscilará sempre entre a linha insurrecional de um rechaço radical das instituições políticas, que caracteriza alguns dos momentos gloriosos do radicalismo e do "tenentismo", e as alianças com grupos da oligarquia que levarão a uma perspectiva de "modernização" institucional, mas que inevitavelmente conduzirão à frustração de suas expectativas originais de transformação das estruturas políticas.

Essas observações conduzem a duas perguntas: o que explica a virulência antioligárquica das "classes médias" num período em que a sociedade e a economia "tradicionais" se encontram em plena vitalidade? Por outro lado, se temos em conta que o fim do período de governos radicais na Argentina (1916-30) coincide com a abertura da crise geral da economia de exportação e que os "tenentes" brasileiros passam rapidamente a figuras de segundo plano perante o poder pessoal crescente de Vargas, o que explica seu fracasso em suas tentativas de manter sob controle próprio suas conquistas sociais e políticas?

Essas perguntas — em relação às quais nossas observações não permitem oferecer mais do que uma tentativa de resposta — dizem respeito tanto aos movimentos de "classe média", considerados em si mesmos, quanto à própria natureza da chamada "sociedade tradicional" e das relações sociais que aí começam a configurar-se.

A propósito, convém pôr em destaque algumas dimensões da situação social dessas classes. Nestes países estruturados à base da grande propriedade dedicada à exportação, os setores médios não encontram em geral condições favoráveis para o exercício de funções produtivas autônomas. Assim, não lhes resta alternativa de relevo além das atividades vinculadas ao setor de serviços ou ao Estado, funções em última instância dependentes das vicissitudes por que passa a economia de exportação.[13] É certo que as classes médias argentinas, originadas em ampla escala da migração estrangeira, estarão representadas também na economia da pequena propriedade, rural e urbana, dedicada ao mercado interno. Contudo, esta *pequena burguesia* terá sido mais independente que a classe média assalariada? Não é a própria migração donde nascem uma função do desenvolvimento da economia de exportação? Que papel se reserva aos migrantes na Argentina da virada do século senão aquele das atividades subsidiárias?

A situação de dependência social das classes médias brasileiras é ainda mais clara. Com participação relativamente menor de imigrantes, originada em parte da decadência de famílias tradicionais (algumas delas da aristocracia imperial) ou de seus ramos mais pobres, é possível mesmo duvidar da existência de uma *classe média* no Brasil desta época, no mesmo sentido em que se pode falar dela na Argentina ou no Uruguai. Por vezes será mesmo difícil distinguir entre um "tenente" antioligárquico e um político da oligarquia no que se refere a suas relações de família, posição e consciência social. Contudo, o que importa agora observar é que esses setores — sejam formados majoritariamente por imigrantes, como na Argentina e, portanto, com maior consciência da peculiaridade de sua situação social, sejam descendentes de famílias tradicionais, como no Brasil — se encontram em posições semelhantes nas estruturas sociais de ambos os países: posição "intermediária" entre as elites dominantes, das quais dependem, e as grandes massas populares. Além disso, serão em realidade tão diferentes no plano da consciência social? É certo que o radicalismo argentino pôde sempre ter maior individualidade política que os movimentos brasileiros, seja o civilismo ou o "tenentismo"; não obstante, como estes, não foi aquele capaz de ultrapassar a temática comum às classes médias latino-americanas de uma crítica estritamente política à oligarquia, além de ter mostrado a mesma incapacidade relativa de definir uma perspectiva própria em relação aos destinos da sociedade em seu conjunto.

Além disso, observa-se nos dois casos que, embora de maneira diferente, ambos os movimentos nascem em geral das mesmas condições: a expansão da economia voltada para os mercados externos, que obriga ao crescimento das funções urbanas, políticas, comerciais e, em certa medida, industriais. Com os movimentos de classe média percebe-se, então, que o processo designado pelos economistas como de "desarrollo hacia afuera" ter-se-ia demonstrado mais apto para formar novos setores sociais que para transformar as estruturas do Estado visando a garantir sua incorporação. De modo muito coerente com sua própria estruturação interna — contraditoriamente capitalista e tradicional, liberal e oligárquica — a chamada "sociedade tradicional" mostrou-se capaz de crescer e complicar suas funções na economia, sem manifestar a mesma capacidade no Estado. Ampliou a cidadania real — econômica e social —, mas não pôde ampliar a cidadania legal. Desenvolveu a desigualdade social sem a "compensação" da igualdade política.

Esta tendência própria ao crescimento "hacia afuera" é de fundamental importância para a compreensão do comportamento das classes dominantes. Daí que se tenha verificado esta situação, aparentemente paradoxal, de que a exclusividade do poder oligárquico é cada vez mais percebida como ilegítima e anti-democrática, pois significaria de algum modo a exclusão dos novos setores, apesar que a emergência destes se deva à própria expansão do setor externo. Cada vez menos a oligarquia é percebida como representativa dos interesses da nação, embora o crescimento da economia nacional se deva ao dinamismo das atividades econômicas controladas por ela.[14] Nessas condições, a modernização das estruturas políticas aparece como o centro da atenção dos movimentos de classe média e esses não se mostram capazes ou interessados em estabelecer claramente as conexões existentes entre as velhas estruturas de poder com as quais se enfrentam e o processo produtivo do qual dependem e com o qual, de algum modo, se encontram solidários.

Enfim, os movimentos de classe média não buscam mais do que definir jurídica e institucionalmente condições para sua participação no jogo do poder, condições de igualdade já previstas nos quadros ideológicos da classe agrária dominante. Reivindicam "de direito" um lugar que, em certa medida, já ocupam "de fato" na "sociedade tradicional", *como se representassem, apenas, um capítulo na história de uma ordem social e política que se transforma e se readapta em razão das novas condições que seu próprio crescimento estabelece.*

Assim, esses movimentos, tão pouco audazes quanto possam ter sido em suas reivindicações sociais, representam algo mais: a primeira fissura importante no equilíbrio liberal-oligárquico do Estado, a primeira manifestação de crise da hegemonia oligárquica e o começo de sua decadência como ordem política. Rompidos, pelo menos parcialmente, os padrões oligárquicos em favor das reivindicações liberal-democráticas das classes médias, desequilibra-se a tradicional e contraditória unidade que havia assegurado durante decênios a hegemonia das classes agrárias. Mas as classes médias, embora tenham sido capazes de assumir algumas parcelas do poder, não tiveram nem perspectiva nem força para substituir, por uma ordem política conformada a seus princípios e interesses, aquela que as classes agrárias haviam solidamente estabelecido por vários decênios. Nem mesmo depois da crise econômica de 1929, que atinge as próprias bases sociais do "antigo regime", esta substituição foi possível: no Brasil, como se sabe, o "tenentismo" desaparece como força política depois de alguns anos de participação no poder; na Argentina, a crise apresenta-se como circunstância favorável à queda de Irigoyen, dando fim ao período dos governos radicais.

3. Crise da hegemonia oligárquica

Estruturalmente dependentes numa sociedade cujo padrão social é dado pela grande propriedade da terra, as classes médias abriram a "crise de legitimidade" do poder oligárquico, mas não encontraram condições para ir além dos marcos que este já havia instaurado no Estado. Não foram capazes de substituir *o antigo regime por uma nova ordem conformada à sua maneira e da qual fossem a garantia de sustentação e de vigência.* A frustração das classes médias como "elite de reemplazo", característica dos dois países, está, contudo, perfeitamente clara no caso argentino: com a queda de Irigoyen, grupos militares vinculados à oligarquia tentam restaurar o velho poder, agora, porém, diretamente fundado na fraude e na violência, sem a legitimidade tradicional e liberal que tinha no passado. É o período dos governos da "Concordância", a "década de la infamia" que precede o regime populista de Perón.[15]

Com a crise do velho regime, agora mais profunda pois associada à depressão que sucede a 1929 e à decadência da economia agrária, abre-se uma situação de crise e de instabilidade que persiste até hoje. É a situação que Medina designa como de "vacio político" — "vacio gravisimo por que deja en el aire, sin sustancia, las raices de la legitimidad", expressão que assinala precisamente a ausência das classes que pudessem conduzir à reestruturação da sociedade e do Estado.[16]

No contexto dos anos de 1930 e 1940, a primeira observação a fazer é a da tendência ao deslocamento das forças oligárquicas como centro de gravitação da ordem política. Observação que não pode, contudo, obscurecer o fato de sua permanência, embora decadente, no controle das funções econômicas fundamentais e também do jogo político em que, apesar de tudo, continua sendo uma força decisiva. Em uma palavra, permanecem, apesar da crise, como uma das bases fundamentais do Estado.

A importância dos grupos oligárquicos se explica, por outro lado, pelo fracasso relativo dos novos grupos econômicos emergentes em introduzir mudanças nas orientações fundamentais do processo de produção. Se as classes médias fracassaram no plano político pelo fato de sua dependência social ante as estruturas da grande propriedade, os grupos empresariais vinculados com a indústria nunca conseguiram fazer da economia industrial o centro decisivo de atividade econômica, apesar de sua crescente importância a partir dos anos de 1930. Nos casos do Brasil e da Argentina, são com o México os países latino-americanos de maior desenvolvimento industrial, a reorientação da economia para a indústria jamais pode levar, até meados dos anos de 1950, este setor produtivo a superar sua condição de dependência e de complementaridade em relação ao setor de exportação. Em realidade, o desenvolvimento industrial esteve subordinado e limitado no que se refere à criação de um mercado interno — onde os setores agrários podem ser vistos tanto como campo de expansão do mercado como obstáculo à sua formação — e à capacidade para importar. Enfim, o desenvolvimento industrial na América Latina pode ser uma alternativa para a crise de conjunto da economia tradicional exatamente naqueles países onde esta foi suficientemente forte para oferecer-lhe as bases de sustentação.

Haveria a acrescentar que a permanência dos grupos oligárquicos de nenhum modo se reduz somente à preservação de suas conexões econômicas; ela associa-se também às novas formas que assumem suas relações sociais e políticas. Como se sabe, o caminho de ascensão dos novos grupos nestes países passa, em geral, por algum tipo de reconhecimento por parte dos antigos. Por outro lado, devido à incapacidade manifesta das novas classes em criar um novo tipo de Estado, a relevância política dos grupos oligárquicos tende, em certas circunstâncias, a assumir uma relevância política maior que sua importância social e econômica real. É sabido, por exemplo, que na maioria dos países o sistema de representação preserva alguns mecanismos que asseguram às áreas mais tradicionais uma representação desproporcional à sua força real.[17]

As velhas classes conseguiram instaurar um tipo de Estado que pode se adequar em suas dimensões básicas ao modo de estruturação social e econômica desses países e que, ainda em crise, permanece como sua condição básica de existência. Nessas condições, a situação política posterior à crise será basicamente de instabilidade e de transação. Deslocadas as classes oligárquicas, e inabilitadas as classes médias e os novos grupos econômicos para a sua substituição, abre-se uma situação de compromisso — que evidentemente não exclui as tensões — entre os grupos dominantes, os quais revelam, em conjunto ou individualmente, a mesma incapacidade hegemônica de fundar de modo legítimo a ordem política. *É nessas condições de crise da hegemonia dos grupos dominantes que se observa a emergência política das classes populares.* Os fundamentos da legitimidade do poder tenderão a ser buscados, em certa medida, fora dos grupos dominantes, por meio de alianças populistas com setores das classes sociais dominadas.

Estamos perante um *Estado de compromisso* entre interesses diferentes e às vezes contraditórios, onde nenhum dos grupos dominantes tem a capacidade de propor-se, à luz do debate político, como seu eixo de equilíbrio. Nesta obscura e cambiante configuração de poder, tudo poderia parecer, à primeira vista, incerto e possível. Há que reconhecer, contudo, dois marcos fundamentais para o jogo. *O primeiro deles está em que os setores apoiados no que resta do velho sistema de propriedade da terra e da antiga organização institucional,* não tendo sido superados plenamente na direção do Estado, *permanecem, mesmo na decadência, como uma das pilastras fundamentais da estrutura de poder.* Em uma palavra, os padrões oligárquicos de poder guardam ainda suficiente vitalidade para desempenhar, e de modo decisivo, sua função de última e fundamental barreira à mudança; fato freqüentemente esquecido nos períodos "normais", mas notório nos períodos de crise quando os padrões do comportamento oligárquico possibilitam a unidade da maioria das classes proprietárias em defesa do *statu quo. O outro marco diz respeito à pressão popular que foi, nesta etapa histórica, a força fundamental de mudança.*

A consideração dessas duas forças sociais introduz-nos diretamente nas dificuldades e nas peculiaridades do desenvolvimento político dos últimos decênios. A rigor, nenhuma das duas foi capaz de assumir as funções de eixo de equilíbrio do Estado. Mais do que isto, nenhuma delas aparece com suficiente clareza no jogo político.

São parceiros decisivos, mas nos tempos "normais" permaneceram no anonimato ou falaram por vozes alheias. A oligarquia em decadência perdeu a hegemonia política e, a partir de então, fez-se representar por líderes vindos de outras classes, em geral de classe média; as classes populares em ascensão não puderam expressar claramente a que vieram, se apenas incorporar-se ao *statu quo* ou transformá-lo, e geralmente estiveram subordinadas em alianças com líderes e grupos de outras classes. Não obstante, parece não haver dúvida de que os grupos oligárquicos e as massas populares são as figuras dominantes, embora anônimas, do processo de crise em que vivemos nos últimos decênios. Assim é que, se pensarmos apenas nas situações cruciais (que não são poucas neste período extremamente instável), encontraremos o Estado perante a disjuntiva de buscar legitimidades nas massas populares ou buscar apoio na força dos padrões oligárquicos ou, o que significa quase o mesmo, nos padrões oligárquicos da força.

Notas

1. José Medina Echavarria, *Consideraciones sociológicas sobre el desarrollo económico.* Buenos Aires: Ed. Solar-Hachett, 1964, p. 98.
2. Sobre este aspecto, veja o ensaio de Anibal Pinto, *Aspectos políticos del desarrollo latino-americano*, Santiago, 1964, manuscrito. Especificamente sobre o Brasil, veja Celso Furtado, *Dialética do desenvolvimento,* Fundo de Cultura, 1964, Brasil. Por outro lado, as conclusões gerais do ensaio de Oswaldo Sunkel, *Cambio y frustración en Chile*, talvez se apliquem a vá-rios outros países da América Latina.
3. Sobre a "permeabilidade" das estruturas tradicionais, veja José Medina Echavarria, *Consideraciones sociológicas sobre el desarrollo económico, op. cit.* Veja também *El desarrollo social de América Latina en la posguerra, mimeo*, CEPAL, Santiago, 1964.
4. Oliveira Vianna, *Instituições políticas brasileiras,* Rio de Janeiro: Livraria José Olympio Editora, v. 1, p. 370.
5. Oliveira Vianna, *idem*, p. 373-74.

6. Medina Echavarría, J., *op. cit.*, p. 44.
7. Sobre a noção de oligarquia, veja também Jorge Graciarena, *Poder y clases sociales en el desarrollo de América Latina*, Buenos Aires: Editorial Paidós, 1967.
8. Cf. Medina Echavarria, *op. cit.*, para uma análise das funções da "hacienda".
9. Rodolfo Stavenhagen, "Siete tésis equivocadas sobre América Latina", in *Política Externa Independente, Rio de Janeiro,* n. 1, 1965.
10. *Anibal Pinto*, *op. cit.*, p. 14.
11. Sobre o Brasil, veja Paula Beiguelman, *Teoria e ação no pensamento abolicionista, mimeo*, São Paulo; veja também, da mesma autora, os três primeiros capítulos dos *Pequenos estudos de ciência política,* Ed. Centro Universitário. São Paulo, 1967. Sobre a Argentina, veja Cornblit. E. Gallo y O'Connell, "La generación del 80 y su proyecto: antecedente y consecuencias", in *Desarrollo Economico,* v. 1, n. 4, jan.-mar. 1962.
12. Cf. Ezequiel Gaita e Silvia Sigal. *La formación de los partidos políticos contemporaneos*. La UCR (1890-1916)", in Desarrollo económico, v. 3, 1963.
13. Sobre o Brasil, veja Vestor Duarte, *A ordem privada e a organização política nacional*, São Paulo: Companhia Editora Nacional, 2ª ed., 1966, p. 101; também Martins de Almeida, *Brasil Errado*, Rio de Janeiro: Schmidt-Editor, 1932.
14. Sobre a Argentina veja, especialmente, Marcos Kaplan, *La crisis del radicalismo.* Buenos Aires : Ed. Praxis, 1958, p. 7-8. Sobre o Brasil, Virginio Santa Rosa, *O sentido do tenentismo*, ed. Civilização Brasileira, Rio de Janeiro, 2ª ed., 1963, p. 25 e segs.
15. Cf. Tulio Halperin Donghi, *Argentina en el Callejón*, ARCA/Montevideo, 1964.
16. José Medina Echavarría, *op. cit.*, p. 98. Sobre a crise da hegemonia oligárquica, veja também Jorge Gradiarena, *op. cit.*, e José Nun, "América Latina: La crisis hegemónica y el golpe militar", *Desarrallo Economico,* Buenos Aires, jul.-dez., 1966. Sobre a Argentina, diz Halperin Donghi: "A partir de 1930 (...) nossa história parece tomar um ritmo mais rápido; visto numa perspectiva de trinta anos, este ritmo febril parece ser conseqüência da vigência constante de certos dados determinantes, cuja permanência é, pelo contrário, extrema: a crise político-social já não serve para marcar as transições entre situações solidamente estabelecidas; ela é agora o elemento constante, e as soluções que recebe, vistas mais de perto, são apenas sintomas de sua permanente vigência"; *op. cit.*, p. 71.
17. F. Celso Furtado, "Obstáculos políticos ao desenvolvimento econômico do Brasil", *mimeo*, Santiago, 1965; e Anibal Pinto, *op. cit.*

CAPÍTULO VI

Urbanização, migrações e populismo

A emergência política das classes populares no Brasil se encontra condicionada à situação de crise e de instabilidade que caracterizaram o Estado no período posterior a 1930. A partir da revolução que comoveu as bases da ordem liberal-oligárquica, começa a estabelecer-se uma estrutura de Estado de caráter semicorporativo que se encontrará apta a promover a incorporação das classes populares urbanas bem como as demais classes em formação. Examinado, portanto, o surgimento das classes populares na cena política do ponto de vista das transformações que se verificaram nas estruturas do Estado, toma-se claro que elas aparecem envolvidas em uma relação de manipulação: elas só servem à legitimação do Estado na medida em que, paradoxalmente, são também "massas dc manobra" para os grupos que controlam o poder; seus reais interesses sociais de classe só podem encontrar algum grau de expressão quando politicamente ajustados e subordinados aos interesses dominantes. Enfim, sua autonomia de comportamento como classe não pode ir além dos limites impostos por esta relação de manipulação que — aí está a raiz do paradoxo — possibilita sua emergência no plano político.[1]

Encontraremos nessas condições uma das raízes de algumas características dominantes no comportamento político popular, que têm sido em geral percebidas e apresentadas de maneira negativa. Referimo-nos aos temas da "ausência de consciência de classe", que se expressava na identificação das massas populares com ideologias "supraclassistas" (nacionalismo, por exemplo), "ausência de um comportamento político racional", verificado na submissão emotiva a lideranças personalistas, "ausência de representação política própria" evidenciada na identificação com líderes vindos de outras classes, etc. Enfim, tudo se passa como se as classes populares urbanas, por serem promovidas "de cima" à participação no Estado, estivessem condenadas a uma subordinação política que não podem romper sem pôr em perigo as condições de sua própria incorporação.

Convém assinalar, contudo, que esse é apenas um dos aspectos do problema. Se não pretendemos permanecer dentro de uma visão parcial do processo em que se dá a emergência política popular, deveríamos admitir que *ele não depende apenas das possibilidades abertas pela crise do poder e pela promoção que se faz "de cima", mas depende também da pressão social que vem "de baixo"*. Merecem consideração não apenas as circunstâncias em que se abre a crise da ordem liberal-oligárquica e em que se dão as primeiras condições para o instável compromisso político dos últimos decênios, mas também as peculiaridades da formação das classes populares urbanas no bojo dos processos de industrialização e de urbanização posteriores à crise das velhas estruturas agrárias tradicionais. Para evitar uma interpretação unilateral que falseia a experiência histórica, seria conveniente insistir que a *emergência política popular não constitui simples elemento dependente das vicissitudes por que passa o Estado.* A rigor, a relação de manipulação dos grupos dominantes sobre as classes populares não poderia manter-se desde que isolada das condições sociais que impulsionam esses setores a tomar parte no jogo. A manipulação, pelo menos nas dimensões observadas no populismo, não é possível sem envolver — e por certo que contraditoriamente — algum grau de real expressão dos interesses sociais das classes populares emergentes. Seria um contra-senso supor que elas possam ter servido como base de apoio, e até certo ponto de legitimação, de um regime que ignorasse os problemas postos por sua situação social.

Em face dessas considerações, impõe-se mudar a perspectiva da análise das condições de formação da nova estrutura de poder, para as condições em que se formam as classes populares e as pressões que criam sobre as estruturas do Estado. Nosso ponto de vista é de que ambos os processos — o de formação de uma nova estrutura de poder e o de formação das novas classes, tão diferentes entre si como podem ser fenômenos que se dão na política e na estrutura social — são dimensões de um processo mais geral: a crise de conjunto das antigas estruturas por força do desenvolvimento de sua contraditória dinâmica interna e das alterações verificadas no modo de sua integração dependente ao sistema capitalista internacional.

Parece não haver dúvidas entre os sociólogos de que a interpretação do populismo requer a consideração de ambas as dimensões referidas; há um acordo em conceber o populismo como expressão do processo de transição e de crise que se manifesta tanto no nível do Estado como da estrutura social. Todo o problema está em saber como se concebe esse processo de transição e o tipo de relação que pode estabelecer com as formas de emergência popular na política.

Este capítulo e o seguinte se dedicam à análise de algumas condições sociais que explicariam a adesão das classes populares a formas populistas de comportamento político. Neste capítulo, faremos referência às "hipóteses funcionalistas" *que buscam associar o comportamento populista aos chamados processos de "mobilização"*, ou de "puesta en disponibilidad" de setores sociais anteriormente identificados com "normas tradicionais" de conduta. No seguinte, proporemos uma hipótese de caráter histórico-estrutural para *a explicação do comportamento populista como expressão das peculiaridades do processo deformação das classes populares.* Como se perceberá, essas hipóteses não são necessariamente excludentes: a vigência do populismo entre as classes populares é um fato conhecido e considerado do ponto de vista da primeira hipótese; do mesmo modo que a segunda não pode deixar de considerar a importância dos fenômenos de "mobilização" presentes em processos tão importantes como a urbanização e as migrações rurais. Contudo, pensamos que também ficará claro que *a adoção de um ou de outro destes pontos de vista como eixo interpretativo supõe perspectivas teóricas distintas e conduz a resultados distintos para o conhecimento do processo de transição.*

1. Populismo e cidade

Quando nos indagamos no Brasil pelas condições sociais dos movimentos populistas, um fato destaca-se imediatamente: como fenômeno de massas estes movimentos têm um carácter predominantemente urbano. Diferentemente do "coronelismo", que teve o domínio nas áreas rurais do Brasil até 1930 e, depois da revolução, persistiu durante muito tempo em várias regiões do país, bem como de outras antigas formas de dominação política como o "caudillismo" de alguns países de tradição espanhola, os movimentos populistas são peculiares às cidades, particularmente às grandes cidades.

Nas eleições de 1950, Vargas obtém cerca de 41% de sua votação total no país, nos três Estados mais urbanizados, São Paulo, Guanabara e Rio de Janeiro.[2] Nesses mesmos Estados os outros dois candidatos, Eduardo Gomes e Cristiano Machado, obtém proporções significativamente menores de suas votações, 27% e 13% respectivamente. O mesmo argumento pode ser visto se nos basearmos na análise de outros dados; em 1950, Vargas obteve 40,99% da votação total do país, mas nesses três Estados mais urbanizados seus votos constituíram aproximadamente 61% dos votos desses Estados, ou seja, cerca de 20% acima da porcentagem nacional.

Estado	% votos pró-Vargas s/ total do Estado	Diferença com relação à média nacional (%) de votos pró-Vargas
Guanabara	62,19	21,20
São Paulo	61,59	20,60
Rio de Janeiro	61,06	20,07

Fonte: Dados estatísticos, TSE, Rio de Janeiro, 1952.

Note-se, além disso, que, para as mesmas eleições, a correlação entre urbanização dos Estados e votos de Vargas é superior a 0,50, enquanto para Gomes e Machado obtemos correlações negativas.[3]

Correlações Voto *x* Urbanização [a]

Para 17 Estados [b]	*Vargas*	*Gomes*	*Machado*
Cidades + 20.000 pop. total	0,64	-0,29	-0,34
Cidades + 100.000 (incluídas capitais) pop. total	0,54	-0,29	-0,12

(a) As porcentagens de votos obtidas pelos candidatos em cada Estado foram ordenadas e calculada a correlação com a ordenação resultante de urbanização (coeficiente de Spearman).

(b) As porcentagens de população residente em cidades foram ordenadas segundo o esclarecimento em *a* (excluídos Amazonas, Pará, Santa Catarina e DF).

Destaque-se a importância especial de algumas grandes cidades. Cabe observar que São Paulo pareceria ocupar, em relação à sua região e, indiretamente, em relação ao país, uma posição semelhante à de Buenos Aires na Argentina. O melhor exemplo da importância de São Paulo na criação de condições favoráveis aos movimentos populistas é, sem dúvida, o da carreira política de Jânio Quadros. Vereador da cidade e depois deputado estadual, surge como líder de ressonância nacional em 1953, quando se elege prefeito da cidade. Prestigiado por esta notável vitória eleitoral — cerca de 70% dos votos num pleito em que Quadros, apoiado por um pequeno partido, se encontrou com a oposição do oficialismo estadual e de todos os grandes partidos concentrados em um dos outros dois candidatos — ele conquista, com 38,4% dos votos,[4] o governo do Estado em 1954, novamente apoiado por uma frente eleitoral pouco significativa (PSB-PTN). Em 1960, o ex-prefeito de São Paulo e ex-governador do Estado chega à Presidência da República. Ademais, é sabido que a capital paulista foi um ponto de apoio fundamental para Vargas em 1950 e também para Adhemar de Barros (ex-interventor durante a ditadura) nas eleições governamentais de 1947.

Além de São Paulo, caberia mencionar também Recife, dentro de um pequeno grupo de grandes cidades que inclui Porto Alegre e Guanabara.[5] Bastante menor que São Paulo, a capital de Pernambuco desfruta de uma evidente condição metropolitana no contexto predominantemente agrário de sua região. Com 19% da população de Pernambuco (1960) é, já em 1946, uma das bases de apoio de Agamenon Magalhães (ex-interventor da ditadura Vargas), para a reconquista do governo estadual.[6] Em 1962, a ampla maioria, 37,1% contra 22,8% do segundo candidato,[7] aí conseguida pelo seu ex-prefeito, Miguel Arraes, garante sua vitória ao governo do Estado.

Contudo, se não há dúvidas quanto à existência de uma alta correlação entre cidade e populismo, há ainda muito campo para as questões relativas à interpretação dessa relação. Deve-se reconhecer, em primeiro lugar, que esta constatação não exclui a possibilidade da existência de formas populistas agrárias. Ainda quando a vigência do populismo como fenômeno urbano pareça ser geral na América Latina, haveria que mencionar os casos do México e da Bolívia, onde as revoluções nacionais abriram caminho à incorporação massiva das populações rurais ao jogo político, possibilitando um populismo agrário. Merece referência, além disso, o caso do peronismo, forma populista de raízes urbanas que, não obstante, pode conquistar também uma ampla penetração rural. No Brasil, é possível registrar alguma penetração de Arraes em áreas rurais de Pernambuco, do mesmo modo que uma ampla penetração de Adhemar de Barros nos pequenos municípios do Estado de São Paulo em 1962.

2. Populismo e "mobilização social"

Em realidade, o problema diz respeito menos à cidade como uma situação ecológica determinada, como inadvertidamente se poderia concluir, que às peculiaridades do processo de mudança das relações sociais que, no caso do Brasil e de outros países, encontram na cidade um lugar privilegiado. Haver insistido sobre este aspecto é um dos méritos que deve-se reconhecer a autores como Germani e Deutsch que, retomando a temática da "democratização fundamental" de Mannheim, tentam propor, com o conceito de "mobilização social", uma perspectiva para o estudo das relações entre estrutura social e comportamento político nos "países em transição". Deixando para depois algumas observações sobre os limites da adequação deste conceito, registremos sua inegável utilidade para pôr em destaque certas dimensões importantes do processo de mudança social como a urbanização, as migrações, a expansão das comunicações, etc., em suas relações com o desenvolvimento econômico.

De acordo com Deutsch, "mobilização social é um nome dado a um processo global de mudança que afeta partes substanciais da população de países que passam de modos tradicionais a modos modernos de vida". Neste contexto teó-rico que concebe o processo de transição como passagem de uma "sociedade tradicional" a uma "sociedade moderna", "mobilização pode ser definida como um processo no qual os principais conglomerados dos velhos "comitments" sociais, econômicos e psicológicos se quebram ou se deterioram e no qual as pessoas se tornam disponíveis para novos padrões de socialização e comportamento". A relação do processo de "mobilização social" com a política — aspecto que nos concerne de modo mais imediato — se estabelece sempre nos quadros de uma teoria da "modernização" do seguinte modo: "a mobilização social tende a gerar pressões para uma ampliação e transformação parcial das funções de elite, do recrutamento e das comunicações elitárias. Nesse sentido, as velhas elites de chefes tradicionais, patriarcas e notáveis locais se revelam cada vez mais inadequadas, e a liderança política tende a transferir-se para as novas elites políticas de organizações partidárias ou quase partidárias, formais ou informais, legais ou ilegais, mas sempre dirigidas pelos 'new marginal men' que se tenham exposto de modo mais ou menos profundo ao impacto da educação moderna e da vida urbana".[8]

Gino Germani, mais preocupado com a explicação da situação da América Latina, particularmente do peronismo e demais movimentos nacionais-populares, oferece uma versão mais específica do conceito de "mobilização social": tratar-se-ia de um "processo psicossociológico pelo qual grupos submergidos na "passividade" correspondente ao padrão normativo tradicional (predomínio da ação prescritiva pelo cumprimento de normas internalizadas) adquirem certa capacidade de comportamento deliberativo, alcançam níveis de aspiração distintos dos estabelecidos pelo padrão preexistente e, por conseqüência, chegam a exercer atividade no campo político".[9]

Tomemos, portanto, a noção de "mobilização social" em forma neutra. Vamos aceitar a referência, que lhe é essencial, à mudança de padrões normativos, pondo entre parênteses, por ora, os compromissos teóricos que o conceito envolve, em suas formulações originais, com a idéia da passagem de uma "sociedade tradicional" a uma "sociedade moderna". Enfim, a relação do populismo no Brasil e na Argentina com processos como a industrialização, a urbanização, as migrações, a expansão das comunicações, etc., parece um fato suficientemente manifesto. E esta observação permite uma especificação às anteriormente feitas sobre a relação entre populismo e cidade. Em realidade, *o populismo parece estar particularmente enraizado naquelas cidades de maior ritmo de crescimento, mais fortemente impactadas pelo desenvolvimento industrial e pelas migrações.* A importância especial de São Paulo na produção das condições sociais para o populismo está de algum modo relacionado à sua peculiar situação no conjunto das grandes cidades brasileiras, sendo a capital industrial do país e cidade de mais rápido crescimento.

Estas considerações aconselham uma apresentação, inevitavelmente limitada aos dados disponíveis, de alguns indicadores da "mobilização social" em curso no Brasil nos últimos decênios. Observemos inicialmente que o processo de urbanização intensifica-se notavelmente depois de 1930.

Brasil: crescimento urbano — 1920-60

Porcentagem da pop. total em aglomerações urbanas

Ano	*Pop. total* (milhares)	*20.000 ou mais*	*100.000 ou mais*
1920	30,636	11,3	8,7
1940	41,253	15,3	10,7
1950	51,944	20,2	13,2
1960	70,967	28,1	18,8

Fonte: John D. Durand e Cesar A. Peláez, "Patterns of urbanization in Latin America", *The Milbank Memorial Fund Quarterly*, v. XLIII, n. 4, out. 1965.

É sabido que esta intensificação do processo de urbanização acompanha, em certa medida, o desenvolvimento industrial e as migrações internas. Contudo, seria conveniente destacar, à margem, o fato de que o crescimento de algumas das grandes cidades brasileiras de hoje é anterior a este período. A precedência cronológica do processo de urbanização em relação ao de industrialização — ou melhor, a possibilidade de distinguir duas etapas no crescimento urbano, a primeira relacionada ao desenvolvimento das funções urbanas associadas à economia agrária (funções comerciais, administrativas, etc.) e a segunda conectada com o desenvolvimento industrial e a crise agrária — é um fato da maior importância no processo de formação das classes populares urbanas. Mencione-se aqui o conhecido caráter minoritário da classe operária industrial no conjunto das classes populares urbanas do país.

Brasil: crescimento de algumas cidades (a)
(1872-1960)

	1872	1890	1900	1920	1940	1950	1960 (b)
São Paulo	31.385 (0,31) (c)	64.934 (0,45)	239.800 (1,37)	579.033 (1,89)	1.326.261 (3,21)	2.198.096 (4,23)	3.825.351 (5,39)
Distrito Federal	274.972 (2,76)	522.651 (3,64)	811.443 (4,65)	1.157.873 (3,77)	1.764.141 (4,27)	2.377.451 (4,57)	3.307.163 (4,66)
Recife	116.671 (1,17)	111.556 (0,77)	113.106 (0,64)	238.843 (0,77)	348.424 (0,84)	524.682 (1,01)	797.234 (1,12)
Salvador	121.109 (1,21)	174.412 (1,21)	205.813 (1,18)	283.422 (0,92)	290.443 (0,70)	417.235 (0,80)	65.735 (0,92)
Pop. Brasil	9.930.478	14.333.915	17.438.434	30.635.605	41.236.315	51.944.397	70.967.000

Fonte: Censos.

(a) Estes dados se referem aos municípios, não apenas aos seus quadros urbanos e suburbanos.

(b) Dados preliminares do IBGE.

(c) Porcentagem da população da cidade sobre o total do país.

No referente às migrações, observe-se que até 1930 a imigração estrangeira representou uma contribuição significativa, embora muito menor que a observada na Argentina, para o crescimento da população do país (incluídos, portanto, áreas urbanas e rurais).[10] Ademais, depois de 1930, é sensível, a redução do movimento migratório estrangeiro.

Entrada de imigrantes no país — 1890-1949

1890-1899		1.198.327
1900-1909		622.407
1910-1919		815.453
1920-1929		746.647
1930-1939		332.838
1940-1949		114.085

Fonte: Movimento da população – Imigração – MTIC, set. 1954.

Como se sabe, a maior parte da imigração estrangeira dirigiu-se para o Estado de São Paulo, onde a agricultura do café em franco desenvolvimento realizava a substituição do trabalho escravo pelo trabalho livre. Para este mesmo Estado se dirige também, depois de 1920, a maior parte da migração interna. O movimento das duas correntes migratórias pode perceber-se claramente nos seguintes dados:

Imigrantes para o Estado de São Paulo — 1827-1946

	Estrangeiros	*Nacionais*
1827-1880	21.842	400
1881-1920	1.764.321	67.801
1921-1930	486.249	221.378
1931-1946	183.445	659.762

Fonte: Segundo os dados apresentados por Vicente Unzer de Almeida e Octavio T. Mendes Sobrinho. *Migração rural-urbana,* Secretaria da Agricultura, São Paulo, 1951, p. 77-79.

Mais difícil é saber, de acordo com os dados disponíveis, qual proporção de ambos os movimentos migratórios se dirige às cidades e qual proporção às atividades agrícolas; do mesmo modo que é difícil saber quais as proporções de migrantes segundo a origem, se rural ou urbana. O que parece certo é que as migrações internas tomadas em conjunto, sem especificação quanto à procedência, assumem considerável importância para o crescimento das grandes cidades. A propósito, uma publicação do IBGE estima que do aumento total de 2,19 milhões de habitantes observados entre 1940 e 1950, nos oito municípios que tinham mais de 250 mil habitantes em 1950,[11] cerca de 1,5 milhão se deve ao movimento migratório. É de supor que a migração de origem rural participe com alguma parcela deste crescimento, embora não disponhamos de informação que permita avaliar seu montante. Segundo a mesma publicação, a contribuição da migração rural para o crescimento de 5.365.000 habitantes verificados nas cidades com mais de 5 mil habitantes entre 1940 e 1950, pode estimar-se em cerca de 2.323.000, ou seja, 43,4% do acréscimo verificado.[12] Por outro lado, um estudo recente sobre o desenvolvimento urbano entre 1950 e 1960 estima "um êxodo rural de 6,8 milhões que contribuíram em mais da metade (54%) do acréscimo de 12,7 milhões na população urbana do Brasil durante o decênio".[13]

A intensificação do processo de urbanização é acompanhada de uma notável expansão das possibilidades de comunicação e também da participação eleitoral segundo nos permite avaliar a pouca informação disponível a respeito.

Ano	*Alfabetizados* (a)	*Eleitores* (b)
1920	35,1	(1933) 3,7
1940	43,8	(1934) 6,5
1950	49,3	22,0
1960	60,5	22,2

(a) Porcentagens sobre a população com 15 anos e mais.
(b) Porcentagens sobre a população total.

Por outro lado, Juarez Brandão Lopes observa que, em 1960, havia em média 72 exemplares de diários e gazetas (periódico do tipo jornal cuja periodicidade é inferior a quatro vezes por semana) para cada 100 habitantes das capitais de São Paulo e Rio de Janeiro. Nas capitais dos outros Estados, menos urbanizados, é de apenas 29 a proporção. Nas regiões interiores do Sul e Centro-Sul, a proporção é de 4 e 5 respectivamente, não chegando à unidade no interior dos demais Estados do país.[14] Esta mesma relação entre urbanização e expansão das comunicações poderá ser observada no quadro seguinte onde se comparam dados de 1940 e de 1960 para as cidades e para o campo.

Proporções de domicílios que dispõem de rádio sobre o total dos domicílios na região segundo a situação do domicílio (1940-60)

	1940 domicílios urbanos	domicílios rurais	1960 domicílios urbanos	domicílios rurais
Nordeste	–	–	28,2	1,5
Sudeste	21,3	0,9	61,7	7,5
Sul	26,5	0,9	75,8	26,6
Centro-Oeste	6,7	0,1	–	–

Fonte: Censos de 1940 e 1960 (resultados preliminares).

3. "Mobilização" e classes populares

No Brasil, como em outros países da América Latina, a vigência dos processos de "mobilização social" parece perfeitamente clara, embora ainda não dimensionada em todos os seus aspectos com o detalhe e o rigor que seria de desejar. O problema está em saber que relação podem guardar aqueles processos com os movimentos populistas. Parece não haver nenhuma dúvida de que deveriam produzir algum impacto nas estruturas políticas. Resta, contudo, determinar em que sentido este impacto se produziria e como alteraria as formas do comportamento político. Em outras palavras, resta esclarecer qual o poder explicativo das hipóteses centradas na noção de "mobilização social" e quais seus limites.

Sobre o caráter predominantemente popular das massas que aderem aos movimentos populistas parece não haver lugar para dúvidas. Em um estudo pioneiro sobre o tema, Germani ao comparar as diferenças de bases sociais entre o fascismo e o peronismo, afirma que "enquanto na Europa o processo de "proletarização" havia deixado como "massas disponíveis" (R. Aron) as classe médias, na Argentina a industrialização e a urbanização colocaram neste estado as classes populares".[15] E a vigência do peronismo entre as classes populares argentinas parece ser um fato suficientemente documentado.[16] No caso o Brasil, a relação entre populismo e classes populares é talvez menos evidente, pois o populismo brasileiro teve uma amplitude social muito maior. De qualquer modo, em nenhum dos dois casos seria possível afirmar que a presença popular significaria a exclusão da participação de outros setores sociais. Na situação brasileira, contudo, por circunstâncias históricas assinaladas em capítulos anteriores, a percepção da presença popular, apesar de que esta é sempre majoritária, pode apresentar-se relativamente obscurecida pela presença de outras classes sociais. O que não é bastante para que se duvide das profundas raízes populares dos movimentos populistas, particularmente nos grandes centros urbanos.

Não obstante, se não há lugar para discussão sobre o caráter predominantemente popular de adesão de massas ao populismo, bem como sobre a relação do populismo com os processos de "mobilização social", já se apresenta de modo mais problemático o assunto da interpretação desses fatos. Entre as hipóteses inspiradas nas teorias de "modernização" convém mencionar uma, talvez a mais freqüente, que se refere à recente composição de origem agrária das classes populares, as quais resultariam de um processo de urbanização que se supõe teria sido muito mais rápido que o verificado na Europa ou Estados Unidos. Deste ponto de vista, as classes populares portadoras de tradições agrárias e recém-incorporadas à vida urbana, sem experiência de classe e sem experiência política, estariam "disponíveis" para a manipulação, "desviando-se" das formas de comportamento político que "teoricamente" seriam adequadas à sua situação de classe. Busca-se assim explicar o populismo pela relação com a "mobilização" provocada pelos processos de urbanização e de industrialização, que na Europa correspondem à fase áurea dos movimentos operários e socialistas.

Neste sentido, a análise que faz Germani do peronismo adquire um caráter exemplar. Na busca das circunstâncias que explicariam a adesão popular a Perón, o autor enumera algumas observações que são nucleares para sua interpretação: 1) "Processo rápido de industrialização e urbanização massiva" (...) "Como conseqüência da rapidez do processo, a classe massificada era de formação recente, carecia de experiência sindical e não fora ainda politizada pelos partidos tradicionalmente operários". 2) Existia "o problema da integração das massas populares, que se apresentava, além disso, agravado pela crescente concentração urbana na zona da Grande Buenos Aires". Cabe acrescentar que pareceria essencial a esta concepção a constação da assincronia entre os diferentes níveis em que se dá o processo de transição nos países da América Latina. No caso que agora nos interessa, o problema estaria posto pela excessiva rapidez dos processos de "mobilização social" ante a relativa lentidão ou rigidez dos processos de "integração", ou seja, da incorporação das massas "mobilizadas" às normas e às estruturas institucionais vigentes. Em outros termos, apelando à noção de assincronia, o autor nos propõe uma explicação dos movimentos populistas que devem operar em dois níveis: o primeiro refere-se às características do comportamento das massas, resultante de uma "mobilização" rápida e recente; o segundo diz respeito à rigidez das estruturas institucionais para promover a incorporação. Ambos os níveis, ainda que possam distinguir-se como componentes de um mesmo processo, estão evidentemente relacionados: a "mobilização" se considerará mais ou menos rápida devido à capacidade maior ou menor de "integração". Deste ponto de vista, pode-se dizer então que a peculiaridade do comportamento político popular latino-americano diante do que se observa na tradição operária européia se verificaria pela presença na América Latina de condições que se imaginam ausentes na Europa — por exemplo, o ritmo excessivamente rápido da urbanização e a composição agrária recente das classes populares — e, inversamente, pela "ausência" na América Latina de condições presentes na Europa, por exemplo, a tradição urbana das classes populares, a experiência de classe etc.

Não está em nossos objetivos entrar em uma análise comparativa entre Europa e América Latina com o fim de verificar os graus de comprovação empírica dessas hipóteses. Em realidade, nossa preocupação é antes a de mostrar a necessidade de hipóteses alternativas, para explicar a adesão das classes populares aos movimentos populistas. Nosso ponto de vista, que pretendemos tornar explícito no capítulo seguinte, *é que esta adesão não se explica pela "ausência" de experiência urbana ou de classe, mas exatamente por um tipo particular de experiência enraizada nas próprias condições da formação social desses países.*

Contudo, poderia ser de utilidade a apresentação de duas observações atinentes às hipóteses anteriormente referidas. Em primeiro lugar, é conveniente observar que seria duvidoso, pelo menos no tocante ao crescimento das grandes cidades no Brasil, afirmar a existência de um ritmo mais intenso que o observado no período de industrialização dos Estados Unidos e de alguns países europeus. A rigor, os dados de que dispomos são insuficientes para qualquer afirmação a respeito (veja tabela seguinte). De qualquer modo, com toda a sua precariedade, eles indicariam que o ritmo de crescimento das grandes cidades brasileiras não fora, como freqüentemente se imagina, tão notavelmente superior ao de países como a Inglaterra, Alemanha e os Estados Unidos.[17]

Porcentagens da população em cidades com mais de 100 mil habitantes sobre a população total em alguns países

Ano	*Brasil* (a)	*Argentina*	*México*
1920	8,7	–	–
1940	10,7	–	10,2
1950	13,2	(1947) 36,8	15,1
1960	18,8	45,5	18,6

Anos	*EUA*	*Bélgica* (h)	*Inglaterra*	*Alemanha*	*França*
1850	6,0	8,0	21,0	2,0	5,0
1914	22,0	18,0	36,0	21,0	15,0

(a) Durand e Pelaez, *op. cit.*, p. 172-73.

(b) Historia General del Trabajo, v. 3, p. 320.

Em segundo lugar, deveria referir que a importante contribuição das migrações rurais na formação das classe populares é um fato que merece algumas especificações. Segundo pesquisa realizada por Bertram Hutchinson em seis cidades brasileiras, é possível concluir que "a migração das áreas rurais realiza-se tipicamente em duas etapas que não são necessariamente cumpridas pela mesma geração (....). Se consideramos que o Rio de Janeiro e São Paulo completam 46% das amostras combinadas, enquanto foram encontrados nessas cidades somente 20% de nossa categoria de nascidos no campo, podemos concluir, por força dessa discrepância, que a corrente migratória de origem inequivocamente rural dirige-se principalmente não aos dois centros urbanos dominantes mas a cidades menores (....). Embora não tenhamos senão conjecturas sobre as razões deste fato, pode-se mencionar a maior proximidade e o caráter menos intimidante da cidade menor como fatores que provavelmente têm importância. Este movimento migratório na primeira etapa atuou, sem dúvida, como um trampolim pelo qual a primeira geração de migrantes, ou mais provavelmente seus filhos, efetuou o movimento seguinte em direção às cidades maiores, contribuindo deste modo para a forte proporção de adultos nascidos em 'pequenas cidades' que encontramos em nossa amostra".[18]

Apresentamos a seguir os resultados obtidos por Hutchinson para o grupo masculino de sua amostra:

Por outro lado, estudos realizados sobre a origem dos migrantes de São Paulo e de Recife sugerem que a presença daqueles de origem rural, *dentro de amostras de migrantes*, é proporcionalmente maior na primeira cidade (capital industrial situada em uma região de agricultura relativamente moderna) que na segunda (metrópole de uma região agrária reconhecidamente atrasada e decadente). Sobre São Paulo, Unzer de Almeida e Mendes Sobrinho observam que do total das "pessoas que compõem as famílias migrantes" incluídas em sua pesquisa, 48,9% vieram das áreas rurais;[19] entre os migrantes nascidos no Estado de São Paulo, são de origem rural 51,6%, entre os brasileiros de outros Estados, 36,4% e entre os estrangeiros, 31,9%.[20] Ou seja, o componente rural na migração para São Paulo é maior quando se origina em sua própria região, que além de oferecer uma área agrícola relativamente mo-

Lugar de nascimento de adultos por cidade
(*sexo masculino*)

	Rio de Janeiro	São Paulo	Belo Horizonte	Volta Redonda	Juíz de Fora	Americana
	%	%	%	%	%	%
Nascidos na cidade	41,2	27,1	18,8	0,4	29,2	27,3
Outra grande cidade	16,3	14,7	12,1	16,6	13,8	17,7
Pequena cidade	19,6	32,2	39,7	64,8	40,1	34,5
Fazenda, vila	6,1	3,9	27,9	15,0	10,9	11,6
Exterior	16,7	21,2	1,6	0,8	6,1	8,8
Sem informação	—	0,9	—	2,4	—	—
	(490)	(457)	(373)	(253)	(247)	(249)

Fonte: Hutchinson, *op. cit.*, p. 44.

derna quanto à tecnologia, relações de trabalho, etc., encontra-se amplamente submetida à influência da capital e das demais cidades do Estado.

Levy Cruz, em pesquisa efetuada sobre Recife, segundo os mesmos critérios amostrais da anterior, observa que apenas 15,4% dos migrantes nasceu no campo (19,3% para homens e 11,9% para mulheres) e que somente 21,1% dos migrantes com 10 anos ou mais exerceu a agricultura ou a pecuária antes de vir ao Recife (35,0% para homens e 7,9% para mulheres). Por outro lado, do total dos migrantes, rurais ou urbanos, 55% veio diretamente para a capital enquanto que 36,1% teve alguma outra cidade como segunda residência.[21]

As observações de Hutchinson, bem como esta rápida comparação entre as proporções de migrantes rurais em contingentes migratórios situados em São Paulo e no Recife, sugerem duas observações importantes para nossa indagação sobre a participação dos migrantes de origem rural na composição das classes populares das grandes cidades. A primeira é que a participação de migrantes diretamente vindos do campo na composição da população dos grandes centros não é tão grande quanto geralmente se supõe e que uma parcela bastante significativa dos migrantes de origem rural passa por experiências urbanas em cidades menores antes de chegar à grande cidade ("step by step migration"). A segunda observação é que a passagem direta de uma atividade agrícola a uma atividade urbana dc grande cidade parece mais provável quanto maior o nível de urbanização do migrante ou da região, incluído o que se poderia designar como "urbanização" da agricultura.[22] Em termos mais gerais, ambas as observações conduzem ao mesmo resultado: a maioria do migrantes passa por algum tipo de experiência ou de influência urbana, antes de atingir a metrópole.

Nenhuma dessas proposições nega o fato, bastante evidente, da importância da migração rural para o crescimento urbano *em geral.* Também não negam o fato da formação recente das classes populares. Trata-se apenas de delimitar a significação e a magnitude, freqüentemente exageradas por muitos autores que se ocupam do populismo e do comportamento popular, da participação dos trabalhadores de origem rural na composição das classes populares. Nossa hipótese é que a maioria dos migrantes passa por alguma experiência urbana antes de conquistar a metrópole e que os saltos diretos, por exemplo da "atividade agrária tradicional" à "atividade urbana moderna", são muito menos freqüentes do que se imagina.

Embora não tenhamos informação de conjunto sobre a origem das classes populares, quer de São Paulo quer de Recife, que nos permita dar uma resposta a este problema, dispõe-se contudo de elementos para algumas inferências. Segundo as informações obtidas por Almeida e M. Sobrinho em São Paulo a respeito das *profissões dos chefes de família,* pode-se estimar que apenas 36,5% dos imigrantes *exerceu atividade agrícola* antes de migrar. Por outro lado, selecionando informações apresentadas pelos autores referentes a um grupo de profissões urbanas (depois de migrar) que, grosso modo, poder-se-ia designar como *populares*, encontramos que a participação agrária não vai além de 39%.[23] Com os dados disponíveis, nossa conclusão é de que há muitas razões para duvidar da veracidade da hipótese geralmente aceita a respeito da composição agrária recente das classes populares das grandes cidades, mesmo no caso de São Paulo. Se os migrantes que exerceram alguma atividade agrícola são minoritários entre os migrantes populares, é muito duvidoso que possam ser majoritários entre as classes populares. Pelo contrário, há elementos para supor que sua participação é muito menor do que geralmente se pensa. Diante desses fatos, a hipótese da maioria agrária recente das classes populares só poderia ser aceita na medida em que se verificasse uma tão intensa mobilidade estrutural nas grandes cidades que significasse uma formidável tendência à ascensão das "antigas" classes populares urbanas para posições de "classe média", deixando um espaço aberto para os recém-chegados. Esse aspecto será considerado no capítulo seguinte.

Voltemos, portanto, às nossas considerações sobre as relações entre os processos de "mobilização social" e o movimento populista. Poderíamos afirmar que, em realidade, essas relações cobrem apenas um aspecto, e o mais geral, de nosso problema. A urbanização, as migrações, a expansão das comunicações, etc., encontram-se em relação com o populismo na medida em que colocam amplos setores da população do país em situação de disponibilidade política, que, nas condições vigentes na sociedade brasileira, é por certo muito difícil de encontrar-se no campo com uma maioria de analfabetos excluída por lei da participação eleitoral e onde ainda pesa de modo decisivo o poder econômico e social do grande proprietário de terras.[24] Com efeito, seria bastante precário falar-se de liberdade política das massas rurais, dos esforços de mobilização, que só começam em meados de 1960, com as Ligas Camponesas e que se intensificam em 1963, com a sindicalização rural e os debates sobre a reforma agrária. Antes de que o movimento popular urbano estendesse sua ação ao campo, permanecem aí, embora em estado de decadência, as condições que já haviam permitido em outros tempos a vigência do "coronelismo" como fenômeno político de escala nacional. Enfim, não será por acaso que a lei de salário mínimo de 1943 só veio a ter aplicação quando se constituiu em tema dos movimentos populistas por volta de 1962.

Nessas condições, não há que se surpreender quanto à vigência urbana do populismo como fenômeno de massas. *Em confronto com as populações rurais, as populações urbanas*, em particular nas grandes cidades, *encontram-se disponíveis para a participação política* e portanto, também para a manipulação populista, pois têm a liberdade de aderir individualmente a um ou outro dos líderes que surgem no âmbito da crise dos grupos dominantes. A determinação das raízes sociais do populismo exige, contudo, maiores especificações. Os processos sociais de "mobilização social" favorecem a criação de uma situação de disponibilidade relativa das massas populares para a participação, ou seja, aparecem como *condição de possibilidade para toda e qualquer forma de comportamento político que implique algum tipo de opção por parte dos indivíduos*. Desse modo, os processos de "mobilização social" são também condição de possibilidade para o populismo, mas não podem explicar por que as massas populares ter-se-iam orientado para este estilo de comportamento e não para qualquer outro.

Por essas razões, entendemos que a interpretação do populismo em relação aos processos de "mobilização social" necessita ser complementada. Talvez até mais do que isto, a própria noção de "mobilização social" — entendida na acepção das teorias da "modernização" — precisa ser redefinida para poder ajustar-se à explicação das formas reais do comportamento popular.

Notas

1. Sobre esses aspectos, veja os capítulos da primeira parte deste volume, especialmente 2 e 3.
2. Nossas "variáveis" podem se referir a Estados, cidades e indivíduos como unidades "estatísticas" de análise. A rigor, a inferência deveria se limitar ao nível de análise considerado, pois sempre se correm riscos na passagem de um nível de análise a outro na interpretação das relações. Embora não utilizemos aqui as técnicas que permitem estimar as forças das relações em um nível a partir de outro, apresentamos relações bastante fortes para apoiar as inferências feitas no texto. (Johan Galfung — *Teoria y métodos dela investigación social,* Buenos Aires : Eubeda, 1966, especialmente cap. 3; Gino Germani, *Estructura social de la Argentina*, Buenos Aires: Ed. Raigal, 1955, p. 252).
3. *Dados estatísticos*, v. 2, p. 12, TSE, Rio de Janeiro. Cabe chamar a atenção para possível equívoco na interpretação das correlações apresentadas na segunda linha da tabela. O fato de verificar-se aí uma correlação um pouco menor para Vargas que a encontrada na linha anterior, que considerará todas as cidades de mais de 20 mil habitantes, não significa necessariamente que Vargas seja menos votado nas cidades de mais de 100 mil e nas capitais de Estados. Segundo nos parece, ocorre exatamente o contrário. Nossa hipótese é de que a votação de Vargas tende a ser maior quanto maior o tamanho da cidade, o que não podemos verificar aqui, pois os dados disponíveis são para os Estados e não para municípios. De todo modo, o que importa observar agora é a distorção que a ordenação de Estados de estrutura urbana diferente pode provocar: a maior porcentagem de população em cidades de mais de 100 mil habitantes (incluídas as capitais) para um Estado não significa que ele seja, necessariamente, mais urbanizado que outro de porcentagem menor. É sabido que em alguns Estados mais tradicionais tende a haver uma macrocefalia da cidade-capital ou de algumas poucas cidades grandes, exatamente pela composição predominantemente rural da região.
4. *Dados estatísticos,* v. 39, p. 116, TSE, Rio de Janeiro.
5. Sobre a Guanabara, Glaucio Ary Dillon Soares, "Desarrollo económico y radicalismo político", in Joseph A. Kah (ed.), *La industrialización en América Latina*, Fondo de Cultura Económica, México, 1965, p. 543. Veja também, Francisco Pedro do Couto, *O voto e o povo.* Rio de Janeiro: Ed. Civilização Brasileira, 1966.
6. Sobre Recife, veja Glaucio Veiga e outros, "Geografia eleitoral de Pernambuco", *Revista Brasileira de Estudos Políticos*, abr. 1960, p. 61 e 65.
7. *Dados estatísticos*, *op. cit.,* v. 6, p. 97.
8. "Social Mobilization and...", *op. cit.*
9.Germani, *Politica y sociedad ...*, *op. cit.*, p. 151.
10. Sobre Argentina, ver Germani, *Política y Sociedad...*, *op. cit.*, p. 179 e segs.

11. Guanabara (DF), São Paulo, Recife, Salvador, Porto Alegre, Belo Horizonte, Fortaleza. Belém.
12. No mesmo período, o acréscimo das populações urbanas e suburbanas — respectivamente, 3.799.000 e 2.146.000 — foi de cerca de 2,8 milhões devido aos movimentos migratórios rurais. *Migração interna*, IBGE, 1959, p. 28-30.
13. Louis J. Ducoff, "The role of migration in the demographic development of Latin America", in *The Milbank Memorial Fund Quartely,* já citado, p. 203-04. Observe-se que neste estudo define-se como urbanas as cidades com 2 mil ou mais habitantes.
14. Brandão Lopes. *Desenvolvimento e mudança social*, ed. mimeografada. São Paulo, 1966, p. 185.
15. *Política y sociedad...*, *op. cit.*, p. 240.
16. Germani, *Estructura social...*, *op. cit.*, p. 253-57. Cf. também Torcuato S. di Tella, *El sistema político argentino y la clase obrera*, Eudeba, Buenos Aires, 1964.
17. Conclusão semelhante pode-se tirar da comparação entre as tendências de crescimento das cidades brasileiras e norte-americanas de 20 mil e mais habitantes, feita por Durand e Pelaez. Estes autores confrontam o crescimento urbano de 16 países da América Latina com as tendências observadas nos EUA em períodos comparáveis. Seus gráficos comparativos sugerem um crescimento mais rápido para Argentina, Chile, Equador, México, Nicarágua, Peru, Porto Rico e Venezuela, e um crescimento menos intenso ou de igual intensidade ao dos Estados Unidos para o Brasil, Costa Rica, Cuba, República Dominicana, El Salvador, Honduras, Jamaica e Panamá. Sugerem também uma tendência geral à intensificação do crescimento dessas cidades a partir de 1950. V. Durand e Pelaez, *op. cit.*, p. 186-87.
18. Bertram Hutchinson, "The migrant population of urban Brasil", in *America Latina*, Centro Latino-americano de Pesquisas em Ciências Sociais, n. 2, abr.-jun. 1963.
19. Unzer de Almeida e Mendes Sobrinho, *op. cit.*, p. 64. Caberia ressaltar que este estudo abrange uma amostra de 7.212 migrantes que chegaram a São Paulo em um de seus períodos de maior crescimento urbano e industrial, entre 1936 e 1946.
20. Unzer de Almeida e Mendes Sobrinho, *op. cit.*, p. 127.
21. Levy Gruz, *As migrações para o Recife — Caracterização social*, Ed. do Instituto Joaquim Nabuco de Pesquisas Sociais, Recife, 1961, p. 67-68 e 71; cf. também, Mário Lacerda de Melo, *As migrações para o Recife — Estudo geográfico*, Instituto Joaquim Nabuco de Pesquisas Sociais, Recife, 1961, p. 89-90.
22. Sobre o conceito de "urbanização", veja Anibal Quijano, *La urbanización de la sociedad en Latino-America,* CEPAL, set. 1967.
23. Para obter essas estimativas, reagrupamos os dados de Unzer de Almeida e Mendes Sobrinho no quadro de mobilidade social apresentado no

final do trabalho. Consideramos como agrícolas as seguintes profissões aí mencionadas: administrador de fazenda, agricultor, arrendatário de terras, boiadeiro, carpidor, chacareiro, fazendeiro, fiscal de fazenda, guarda-fazenda, lavrador, lenhador, madeireiro, tratador de cavalos, tropeiro, usineiro, sericicultor, vaqueiro. Quanto às profissões urbanas mencionadas pelos autores, tomamos aquelas que poderiam ser consideradas "populares". Com todas as ressaltas que merecem as designações profissionais (algumas muito gerais, como "operário industrial", outras muito específicas, abrindo a possibilidade de superposições e de imprecisões que dificultam a medida), reproduzimos a seguir as principais profissões "urbanas populares" acompanhadas das respectivas porcentagens de participação agrária: operário industrial (57,0), pedreiro (36,7), tintureiro (41,7), sapateiro (14,1), motorista (18,6), mecânico (25.1), mascate (40,6), marceneiro (24,7), ferroviário (16,8), comerciário (27,2), carpinteiro (33,0), alfaiate (6,3), outras profissões "urbanas populares" (30,0), Cf. Unzer de Almeida e Mendes Sobrinho, *op. cit.*

24. Veja, também, Guerreiro Ramos, *A crise do poder no Brasil*, Zahar Editores, Rio de Janeiro, 1961, especialmente p. 54 e 55.

CAPÍTULO VII

Estrutura de classes e populismo

A consideração das migrações, da industrialização e da urbanização do ponto de vista das teorias da "modernização" tem, por vezes, conduzido a um obscuro segundo plano alguns aspectos desses processos sociais que são da maior relevância para a explicação do comportamento político popular, e ademais para o entendimento da situação de transição vivida pelos países latino-americanos nos últimos tempos. O interesse posto na mudança das pautas de conduta das massas "mobilizadas", supostamente em transição da "sociedade tradicional" para a "sociedade moderna", tem levado ao exagero de inverter os termos do problema, colocando em plano secundário os fundamentais e decisivos aspectos históricos e estruturais que a transição envolve. Chamar a atenção para esses aspectos — em particular aqueles relacionados à formação das classes populares — constitui o objeto do presente capítulo.

É certo que os autores que se têm ocupado do tema nos quadros das teorias da "modernização" têm buscado, em certo sentido, "situar" historicamente sua análise. Por outro lado, também aceita-se que as migrações e o crescimento urbano e industrial, se bem significam para os indivíduos "mobilizados" uma alteração de sua possibilidade de identificação com determinados padrões de comportamento, não podem deixar de incidir sobre a composição interna das classes sociais e suas relações. Deve-se reconhecer, contudo, que mesmo naqueles autores que levaram mais longe esta indagação no âmbito das teorias mencionadas, permanece como nuclear a teoria da transição sendo passagem de uma situação supostamente estruturada em termos tradicionais para outra supostamente estruturada em termos modernos. E deste modo, por assumir como suposto aquilo que se deveria examinar se chega a inibir a formulação de uma perspectiva capaz de explicar a situação de transição em seus próprios termos.

Convém esclarecer, que não se trata aqui de negar a importância da "mobilização" e da vigência de tendências modernizadoras no quadro da situação latino-americana, mas de tentar definir de modo concreto sua significação histórica e, portanto, delimitar seu alcance interpretativo. Evidentemente, não se pode recusar a possibilidade analítica da consideração destes temas por separado das transformações que dizem respeito ao marco histórico-estrutural e à "situação de classe" dos indivíduos "mobilizados". Esta perspectiva, embora seja capaz, como pudemos ver no capítulo anterior, de trazer à luz uma condição de possibilidade de um tipo determinado de comportamento político, não pode, porém, explicá-lo. A "mobilização" põe os indivíduos aos quais atinge, qualquer que seja a classe social a que pertençam ou à qual se incorporem, assim como a circunstância histórica, em "situação" de disponibilidade para a participação política, qualquer que seja o tipo ou o conteúdo real dessa participação. Deste modo, tende a deslocar-se do âmbito da análise o problema de explicar o porquê desta forma concreta de comportamento e não de outras formas possíveis, ou seja, o problema propriamente histórico da formação das classes populares e de sua emergência política.

Nosso objetivo neste capítulo consiste em tomar, de um ponto de vista histórico-estrutural, os mesmos processos sociais já referidos no capítulo anterior. Nossa hipótese é que a adoção de um comportamento populista por parte das classes populares num quadro político configurado pela crise de poder se deve, em última instância, às circunstâncias em que elas se formam nas condições do desenvolvimento capitalista brasileiro depois de 1930. Classes em processo de formação nos quadros de uma sociedade em transição, sua presença na política estará condicionada a várias ordens de fatores. A primeira diz respeito à *crescente heterogeneidade interna de sua composição econômica e social, radicada na diversidade de formas de produção* (diversidades regional, setorial, tecnológica, ecológica etc.), *próprias de um país que se vê obrigado a combinar etapas diversas do desenvolvimento capitalista, em resposta às circunstâncias criadas internamente pelas crises e transformações no plano internacional.* A segunda diz respeito à *mobilidade social no interior destes marcos heterogêneos que caracterizam as classes populares.* E, finalmente, o *caráter contraditório da experiência de formação da classe operária das grandes cidades*, em especial, São Paulo: *em posição econômica e social 'privilegiada" perante os demais setores populares urbanos e rurais, muitos de seus membros em situação de ascensão social* (quer tenham vindo diretamente do campo, ou passado por uma experiência urbana nas cidades menores, quer tenham se transferido de outros setores da economia urbana), *ela não poderá, de todos os modos, deixar de sofrer a desigualdade típica das relações sociais capitalistas.* Nesses países, as classes populares enfrentam uma forma particularmente aguda de expressão da clássica contradição, vigente em qualquer país capitalista, entre a experiência da igualdade entre os cidadãos e a experiência da desigualdade como classe.[1]

1. Mobilidade e comportamento político

O processo de formação das classes populares urbanas no Brasil se encontra marcado por um amplo processo de mobilidade social. Esta depende menos da troca de posições dentro de uma estrutura de *status*, como define o conceito de maneira estrita, que dos processos relacionados ao crescimento do emprego urbano e industrial.[2]

No quadro da notável ampliação das estruturas ocupacionais urbanas, particularmente na região Sul, poder-se-ia afirmar que a formação dos setores populares politicamente mais significativos — a começar pela classe operária industrial — está mais na dependência da ascensão de pessoas pertencentes às classes populares do que da decadência de grupos pertencentes a classes "não populares". Nas condições próprias da urbanização da economia e da sociedade em um país de formação agrária, os setores populares urbanos emergentes com o populismo, particularmente aqueles localizados nas grandes cidades, formam-se muito mais com a contribuição direta ou indireta da migração rural, da migração urbana de regiões mais pobres e da transferência de pessoas até então pertencentes a setores urbanos "menos favorecidos", do que com a decadência social de pessoas pertencentes às "classes médias", à burguesia de pequenos proprietários ou a um artesanato de condição "pequeno-burguesa".

A mensuração dos processos de mobilidade no interior das classes populares no período que consideramos requer uma pesquisa especial. Haverá que recorrer aqui a medidas indiretas para podermos aferir a amplitude e a intensidade desses processos de deslocamento que favoreceram o crescimento dos setores urbanos. Além disso, só por inferências será possível chegar a alguma aproximação sobre a maior ou menor contribuição relativa dos grupos sociais ascendentes e descendentes em sua formação.[3]

De qualquer modo, a importância da mobilidade social no interior das classes populares parece ser fundamental para o entendimento de seu comportamento político. Como tentativa para explicar o comportamento populista da classe operária industrial paulista, alguns intelectuais brasileiros dizem por vezes que o operário já realizou, ao migrar do campo para a cidade, uma "revolução individual" no seu estilo de vida, e por esta razão, prefere optar entre alternativas políticas abertas pelos grupos dominante, em vez de interessar-se em realizar ele próprio uma "segunda" revolução. Enfim, ele não se encontraria, pelo menos enquanto durem as condições que propiciaram sua formação como classe, entre aqueles que "nada têm a perder". A metáfora da "revolução individual" — cujo parentesco com a noção de "aristocracia proletária" não é apenas ocasional — é, porém, exagerada. Ainda quando fosse certo que a grande maioria da classe operária industrial, onde, por certo, poder-se-á encontrar alguns setores com uma condição relativamente "privilegiada" no conjunto das classes populares do país, tivesse sua origem diretamente nas massas rurais, ou seja, num dos extremos mais pobres da sociedade brasileira, ainda assim não haveria motivos para supor que a mudança de posição significasse algo tão radical quanto pode sugerir a palavra "revolução". De qualquer modo, a imagem desta revolução *avant la lettre* que, pelo seu êxito no plano individual, conduziria ao desinteresse da classe pela revolução social, é rica de sugestões.

Temos aí senão uma hipótese, pois para tal haveria que redefinir a metáfora no seu conceito, pelo menos no ponto de partida, para propor hipóteses de interpretação sobre as condições sociais do comportamento popular. Seu interesse está em que, diferentemente das hipóteses de corte funcionalista, ela dirige a atenção menos para noções como "inexperiência de classe" ou "inexperiência política" da nova classe operária (que supõem sempre uma pauta abstrata do que seja a experiência), que para o fato da experiência real, historicamente efetiva, da classe em sua formação e em seu comportamento. Por outro lado, ao chamar a atenção para a experiência real, nos permite deixar de lado as hipóteses sobre os chamados "resíduos" ou "remanescentes" tradicionais no comportamento operário. Se os "resíduos" são reais se apresentam na experiência de formação e no comportamento da classe e, nesta hipótese, já não podem ser tomados como resíduos, mas devem ser entendidos como elementos presentes na ação e nas relações sociais. Deste modo, a metáfora da "revolução individual" — imprecisa para fins de análise, como de resto toda metáfora — coloca-nos diretamente com o problema de explicar o comportamento populista em relação às condições estruturais em que se formam as classes populares e às circunstâncias históricas e políticas em que este processo de formação transcorre.

2. Crescimento do emprego e ampliação do consumo

Segundo nos parece, a relação entre mobilidade social no interior da classe e comportamento político, sugerida pela imagem da "revolução individual", não deve tomar-se apenas com referência à classe operária industrial. Por certo que dentro do conjunto das classes populares urbanas, a classe operária tem sido em quase todas as formas de populismo urbano uma espécie de setor estratégico e, neste sentido, muito mais na Argentina que no Brasil. Não é por acaso que tanto Vargas como Perón, embora em graus diferentes, buscaram sempre controlar a estes setores por meio da organização sindical. Contudo, não nos parece que haja muita razão para supor que só para este setor tenha vigência a relação sugerida entre mobilidade e comportamento, apesar da situação relativamente "privilegiada" de algumas camadas operárias diante das demais camadas populares.

Se em algum sentido é válida a relação para os operários industriais perante os demais setores populares, é também correta para os trabalhadores nos transportes e no comércio, do mesmo modo que é válida para o conjunto das classes populares urbanas ante as massas rurais e, no conjunto dos trabalhadores do campo, é verdadeira para os de São Paulo perante os do Nordeste, por exemplo. Queremos sugerir que, *no quadro da notável heterogeneidade da composição social das classes populares de um país em processo de desenvolvimento, a mobilidade social, em graus variáveis, apresenta-se de modo quase necessário para todos os setores populares, e tende a intensificar-se à medida que o desenvolvimento se intensifica.* Trata-se, em última instância, do simples fenômeno da transferência de mão-de-obra entre setores e ramos de produção, nos quadros de uma estrutura de emprego em processo de crescimento. Nessas circunstâncias, a expectativa de ascensão social apresenta muitas oportunidades de fazer-se efetiva e de se constituir em elemento fundamental para a orientação da conduta individual.[4] No quadro de uma sociedade como a brasileira dos últimos decênios, os movimentos de ascensão — na pior das hipóteses, a expectativa da ascensão — afetam a todos os setores populares.

Tomado deste ponto de vista, o tema da mobilidade se bem não exclua o interesse das escalas usualmente construídas por critérios de prestígio social (em realidade, mais adequados para o estudo da mobilidade entre classes diferentes), poderia encontrar indicadores mais adequados e sensíveis a partir de critérios relacionados às possibilidades de *participação econômica e social.* Queremos nos referir a critérios que permitam distinguir na ampla gama de possibilidades de acesso ao consumo de bens, de serviços, educação formal, cultura, etc.; critérios que, além disso, poderiam permitir distinguir, pelo menos indiretamente, diferenças de prestígio associadas à diversidade de "estilos de vida" vigentes no interior de uma classe e, freqüentemente, no interior de uma mesma categoria ocupacional.

Infelizmente, as informações disponíveis são ainda muito insuficientes para esses fins. De qualquer forma, contamos com dados que nos permitem caracterizar alguns aspectos da heterogeneidade de situações vividas pelas classes populares e inferir a tendência geralmente ascensional da mobilidade em condições de ampliação

Distribuição da renda mensal média (sexo masculino), por região e por setor de atividade, 1960 (%)

Região	Renda (Cr$ velhos)							
	Até 2.100	2.101 a 3.300	3.301 a 4.500	4.501 a 6.000	6.001 a 10.000	10.001 a 20.000	20.000 e mais	Total
	%							
Brasil								
Primário	32,5	25,9	17,7	12,0	8,0	2,9	0,9	8.467.515
Secundário	6,4	9,2	11,4	25,2	30,0	13,4	4,4	2.306.557
Terciário	8,0	7,6	8,9	18,5	28,2	19,9	8,7	4.970.639
Total	24,8	17,1	13,2	15,2	16,7	9,3	3,6	19.728.056
Nordeste								
Primário	56,2	26,5	10,8	3,8	1,6	0,6	0,4	2.329.221
Secundário	21,6	26,3	27,3	12,7	6,9	2,4	2,6	243.751
Terciário	20,6	18,2	17,9	16,6	13,5	7,3	5,9	684.499
Total	49,9	22,9	12,4	6,7	4,4	2,1	1,6	4.024.518
Sudeste								
Primário	36,3	29,7	16,3	9,5	5,3	2,2	0,7	2.875.236
Secundário	8,7	10,6	13,3	22,2	29,2	11,6	4,4	768.066
Terciário	9,0	7,7	9,0	16,2	28,4	20,0	9,9	1.922.200
Total	27,4	18,2	12,4	12,7	16,1	9,1	4,0	7.133.256
Sul								
Primário	12,3	21,1	23,4	20,5	15,7	5,6	1,4	2.480.790
Secundário	2,0	4,9	6,6	29,3	35,5	16,7	5,0	1.170.936
Terciário	3,4	3,9	5,2	20,5	33,3	25,1	8,6	2.038.920
Total	10,4	12,4	13,0	21,5	24,4	13,9	4,2	7.130.994

Fonte: Censo de 1960, resultados preliminares.

das estruturas ocupacionais urbanas. Contamos com os resultados preliminares do censo de 1960, o primeiro dos censos brasileiros a oferecer dados sobre a distribuição da renda. Contudo, além de limitar-se a um único ano, o censo se restringe a considerar as escalas de renda por setor de atividade e por região, dimensões excessivamente gerais. Não obstante, ainda com essas limitações, os dados são muito sugestivos para uma primeira aproximação.

Esses dados não deixam lugar a dúvidas quanto à desigualdade da distribuição das possibilidades de consumo entre as regiões e entre os setores (embora deva advertir-se que a comparação com o campo esteja relativamente prejudicada pela freqüência das formas não monetárias de pagamento do trabalho). Também parece claro que esta desigualdade atinge igualmente aquelas categorias de renda que aproximadamente poderiam ser consideradas "populares". Observemos, a propósito, que o salário mínimo legal vigente desde setembro de 1958 até outubro de 1960 para as cidades capitais da região Nordeste deveria ser localizado na terceira coluna do quadro, entre 3.301 e 4.500 cruzeiros; na quarta coluna, entre 4.501 e 6.000 deveria se localizar os salários mínimos para as cidades do Sul e Sudeste. Não obstante, como o censo foi feito no dia 1º de setembro de 1960 e, portanto, somente neste mês coincidia com esses níveis mínimos legais de salário, há motivos para considerar a adoção dos novos salários mínimos como critério alternativo para comparação. Neste caso, a maioria dos salários mínimos vigentes nas cidades capitais do Nordeste deveria localizar-se entre 4.501 e 6.000; do mesmo modo, os salários do Sudeste e Sul passariam à classe de 6.000 a 10.000. Tomando esses critérios, que são evidentemente apenas aproximativos, poderíamos considerar como pertencentes às classes populares todos os indivíduos localizados nas categorias de renda correspondentes ao mínimo, nas categorias inferiores ao mínimo e naquelas imediatamente superiores. E a heterogeneidade da distribuição para os setores populares urbanos poderia então ser resumida do seguinte modo:

Níveis de renda mensal média (sexo masc.)

Primeiro critério

	Níveis inferiores ao mínimo %	Nível mínimo %	Nível superior ao mínimo %
Nordeste			
Secundário	47,9	27,3	12,7
Terciário	38,8	17,9	16,6
Sudeste			
Secundário	32,6	22,2	29,2
Terciário	25,7	16,2	28,4
Sul			
Secundário	13,5	29,3	35,5
Terciário	12,5	20,5	33,3

(1) Cf. *Anuário Estatístico do Brasil*, 1965.

Segundo critério

	Níveis inferiores ao mínimo %	Nível mínimo %	Nível superior ao mínimo %
Nordeste			
Secundário	75,2	12,7	6,9
Terciário	56,7	16,6	13,5
Sudeste			
Secundário	54,8	29,2	11,6
Terciário	41,9	28,4	20,0
Sul			
Secundário	42,8	35,5	16,7
Terciário	32,7	33,3	25,1

Por outro lado, sabe-se que as diferenças de situação entre campo e cidade, consideradas como conjuntos relativamente homogêneos, tendem a ser maiores que as diferenças encontradas nos setores urbanos. O primeiro dos quadros nos sugere uma ordem de magnitude para essas diferenças. Contudo, em face das ressalvas feitas sobre o problema que apresenta uma medida monetária conjunta da capacidade de consumo das massas rurais, consideramos somente alguns setores rurais que recebem salário.

Ademais, há motivos para crer que, além das diferenças entre região e setor de produção, será possível encontrar diferenças de condições de vida entre as classes populares segundo os Estados no âmbito das regiões e segundo as cidades (principalmente capital e interior) nos limites dos Estados. Desse modo, é muito provável que o crescimento do emprego urbano, e particularmente do emprego industrial, nos últimos decênios, tenha resultado na ampliação das possibilidades de consumo pelo simples efeito da mobilidade que o acompanha. Cabe insistir que observa-se a ascensão social não apenas na passagem do campo à cidade, mas também na transição da pequena para grande cidade, e na transferência de um setor urbano de produção a outro. O crescimento do emprego no setor industrial fabril, no qual as classes populares desfrutam de uma condição relativamente vantajosa em relação ao salário, terá desempenhado provavelmente um importante papel neste processo de mobilidade ascensional. A propósito, observe-se na tabela a seguir que a participação do setor manufatureiro fabril cresceu, pelo menos até 1955, mais rapidamente que o emprego urbano. É de supor que algo semelhante terá ocorrido, embora nos faltem dados para comprová-lo, com o chamado "terciário funcional", ou seja, os setores do terciário que, como os transportes e o comércio, tendem a acompanhar o desenvolvimento do setor industrial.

Relação entre o salário médio na agricultura
e o salário mínimo legal (a)

Estado	Trabalhador com enxada			Cortador de cana-de-açúcar			Arador comum		
	(1)	(2)	(3)	(1)	(2)	(3)	(1)	(2)	(3)
Maranhão	84	76	61	71	77	62	15	112	89
Ceará	93	67	54	76	70	56	32	95	76
Pernambuco	74	64	48	53	73	54	30	89	66
Bahia	150	67	50	110	94	70	70	88	65
Minas Gerais	437	58	50	361	59	51	374	70	61
Rio de Janeiro	49	60	55	47	61	56	48	83	76
São Paulo	345	77	66	199	82	71	306	88	76
Paraná	132	106	90	55	109	93	118	145	123
Rio Grande do Sul	98	92	86	40	95	89	95	98	92

Fonte: Inquérito sobre salários rurais, IBGE, Anuário Estatístico do Brasil, 1965.

(a) Considera-se o salário médio "a seco" para o ano de 1957. Os salários mínimos em referência tiveram vigência para os anos de 1956 a 1958.
(1) Número de municípios informantes.
(2) Relação entre salário médio e o menor salário mínimo vigente no Estado (salário mínimo = 100).
(3) Relação entre o salário médio e o maior salário mínimo vigente no Estado (salário mínimo = 100).

Por outro lado, é possível também admitir que a própria classe operária industrial, embora seja provavelmente mais homogênea que o conjunto das classes populares, apresente uma heterogeneidade muito maior que fariam supor as hipóteses usuais. Observemos inicialmente que este setor não poderia permanecer imune às notáveis diferenças regionais assinaladas. Além disso, os dados seguintes parecem sugerir que mesmo na indústria de um Estado como o de São Paulo, onde se poderia esperar uma maior homogeneidade de situação, observam-se diferenças relacionadas a ramos de produção, nível tecnológico e tamanho da empresa como fatores que interferem sobre a composição social da classe e a possibilidade de uma maior ou menor mobilidade interna em condições de crescimento da estrutura ocupacional.[5]

Tendências de crescimento do emprego urbano

Números absolutos (em milhares)					Porcentagem		
Ano	Total	Urbano	Manufateiro	Fabril	Urbano / Total	Fabril / Urbano	Fabril / Manufat.
1925	10,310	3,330	1,204	380	32,3	11,4	31,6
1930	11,410	3,810	1,336	510	33,4	13,4	38,2
1935	12,630	4,220	1,482	650	33,4	15,4	43,8
1940	14,169	4,866	1,653	815	34,3	16,7	49,3
1945	15,430	5,630	1,895	950	36,5	16,9	50,1
1950	17,109	6,655	2,191	1.150	38,9	17,3	52,5
1955	19,600	8,560	2,495	1.350	46,8	15,8	54,1
1960	22,480	10,680	2,850	1.600	47,5	15,0	56,1

Fonte: CEPAL, *El proceso de industrialización en América Latina.*

Diferenças de salário médio dos operários
segundo alguns ramos industriais

Ramos industriais selecionados	Salário médio de operários		
	1939	1949	1959
Metalurgia	119	125	111
Mecânica	144	134	118
Material de transportes	186	153	121
Minerais não metálicos	99	89	86
Papel e cartolina	95	89	103
Têxtil	92	92	89
Produtos alimentícios	88	81	86

Diferenças de salário médio dos operários
segundo o emprego de força motriz nos estabelecimentos

Tipo de estab. por força motriz	Salário médio de operários	
	1949	1959
10 a 99	91	90
100 e mais	103	103

Diferenças de salário médio dos operários
segundo o tamanho dos estabelecimentos

Tipo de estabelecimento por nº de operários	Salário médio de operários	
	1949	1959
de 1 a 19	77	79
de 20 a 99	101	100
de 100 a 499	105	103
de 500 e mais	107	109

Fonte: Censos Industriais.

Observação: considera-se o salário médio dos operários no total das indústrias de transformação, como base, igual a 100, para fins de comparação.

3. Populismo e aliança de classes

Uma primeira proposição de caráter geral sobre o problema poderia ser a seguinte: *nas condições vividas por uma sociedade de formação agrária em crise das estruturas agrárias e de desenvolvimento urbano e industrial, os setores das classes populares urbanas, formadas por ascensão social mais do que por decadência, tendem a reconhecer como legítimas as regras do jogo vigentes no quadro social e político do qual começam a participar. Tendem, ademais, nessas condições estruturais e históricas, que são também condições de crise das instituições políticas e das relações entre os grupos dominantes, a identificar-se com partidos e líderes de algum modo associados previamente ao* status quo *e que, embora saídos de classes "não-populares" (ou talvez por isto mesmo), possam ser identificados com os interesses populares de maior participação social e econômica.*

Essa hipótese, segundo nos parece, dá conta de alguns aspectos fundamentais do comportamento político das classes populares urbanas durante o período populista. Seu caráter de massas está condicionado diretamente à heterogeneidade de sua composição, que tanto obscurece uma possível consciência de seus interesses comuns como classe, quanto cria possibilidades de mobilidade intraclasse que enaltecem o interesse individual de ascensão. Do mesmo modo, o reconhecimento da legitimidade da dominação dos líderes e partidos populistas é dado — e quase "por antecipação" — nas circunstâncias concretas em que as classes populares urbanas se formam, num movimento multiforme de ascensão que identifica no *status quo* aqueles que se solidarizam e promovem as condições da ascensão.

Aí encontraremos também uma das raízes do autoritarismo típico de todas as formas de relação líder-massa no populismo, seja de caráter carismático ou populista. Também encontraremos nas circunstâncias em que se formam as classes populares um dos fundamentos da "falta de auto-representação" e "falta de consciência de classe", assim como a "inexperiência de classe" e a "inexperiência política". Em uma palavra, explica-se deste modo não apenas que as massas populares tenham estado, pelas próprias circunstâncias de sua formação social, em "situação de disponibilidade para a participação política", mas especificamente para a "participação sob manipulação populista".

Não obstante, a relação entre mobilidade social e comportamento político contém o germe de uma contradição que convém esclarecer. Em que sentido e dentro de que limites se pode falar de uma identificação entre os setores populares urbanos e o *status quo*? Em outras palavras: qual o caráter desta identidade entre setores das classes dominadas e um regime político que se encontra, embora à maneira populista, sob controle das classes dominantes? Os termos da contradição estão postos: as circunstâncias em que se formam as classes populares e que as conduzem a esta identidade são as mesmas que reafirmam, em vez de negar, seu *caráter geral* de classes sociais dominadas nos quadros do desenvolvimento de um sistema econômico e social baseado na desigualdade e na oposição de interesse entre as classes. O que se afirma, portanto, em circunstâncias históricas dadas, é uma ordem baseada na desigualdade social, para ser aceitável inclusive por alguns setores das classes dominadas.

Convenhamos, porém, em que o esclarecimento dos termos em que se dá a contradição não é, nem pretende ser, a eliminação dela. Trata-se aqui não da teoria, mas de um fato real nas condições em que emergem as classes populares. Ademais, deve ficar claro que nosso problema não é o da legitimação do domínio populista sobre as massas, considerado em si mesmo. Se fosse possível considerar esta relação de dominação isolada das relações entre as classes sociais, ele não teria maior significação, nem para a teoria nem para a experiência histórica. Desde Weber, sabe-se que toda forma de dominação implica o reconhecimento por parte dos dominados da legitimidade dos mandatos. Além disso, é sabido na história dos movimentos populares que, em geral, a liderança tem suas origens sociais nas classes "superiores".

Por outro lado, observamos também que o populismo nada teria de peculiar se a aceitação do *status quo* por parte das classes populares significasse apenas o reconhecimento da hegemonia de uma ou de várias classes dominantes sobre o conjunto da sociedade. Como se sabe, o reconhecimento da hegemonia das classes dominantes, ou seja, das instituições que ela patrocina e de sua cultura, está presente em todas as linhas "reformistas" do movimento popular. *A peculiaridade do populismo vem de que ele surge como forma de dominação nas condições de "vazio político", em que nenhuma classe tem a hegemonia e exatamente porque nenhuma classe se afigura capaz de assumi-la.* Convém relembrar que o populismo aparece quando se dá a crise da hegemonia oligárquica e das instituições liberais que obrigam a um amplo e instável compromisso entre os grupos dominantes, presidido pelo fortalecimento político do Executivo e do poder econômico e administrativo do Estado.

Nas condições de crise de hegemonia, reserva-se ao líder ou ao partido populista a função de intermediário entre os grupos dominantes e as massas. Assim, o reconhecimento da legitimidade da dominação populista pelas classes populares significa, de certo modo, uma mediação — uma forma substantiva da hegemonia inexistente — para o reconhecimento do *status quo* dominante. Em uma palavra, na adesão das massas ao populismo *tende necessariamente a obscurecer-se a divisão real da sociedade em classes com interesses sociais conflitivos, e a estabelecer-se a idéia do povo (ou da nação) como uma comunidade de interesses solidários*. O que é vedado às classes dominadas como tais — reconhecer a dominação das demais classes em situação de crise hegemônica — é permitido aos *indivíduos* que as compõem pelo "subterfúgio" do reconhecimento das lideranças populistas. Na estrutura interna deste aparente absurdo está a raiz da irracionalidade essencial ao populismo, da emocionalidade necessária da relação líder-massa. Também está a explicação da imprevisibilidade e da aparente "irresponsabilidade" do comportamento das lideranças populistas, expressão de uma situação contraditória, elas são por vezes obrigadas a formular objetivos que não poderão atingir, do mesmo modo que, em certas circunstâncias, poderão atingir objetivos que nunca pensaram em formular.

Essas observações nos conduzem agora a examinar o outro lado do nosso problema. Com efeito, ainda quando devamos admitir que a formação das classes populares urbanas passa, em geral, por um movimento de ascensão a maiores oportunidades de consumo, é pouco provável que pudéssemos considerá-las "massas satisfeitas", no mesmo sentido em que pareceriam encontrar-se as classes operárias de alguns países europeus e dos Estados Unidos. Nesses países, a expansão do consumo e das técnicas de manipulação conduziu a uma relativa perda de identidade dos operários como classe, uma diluição de suas tradições de solidariedade social e de consciência comum dos próprios interesses, forjados nos tempos duros das primeiras etapas do desenvolvimento capitalista. E, com esta "massificação" das classes operárias, alguns observam também uma crescente despolitização de seu comportamento. No Brasil, como em outros países latino-americanos, se cabe alguma comparação com os "países avançados" será apenas para marcar as diferenças: aqui se observaria uma "massificação prematura, ou seja, uma massificação em uma "sociedade de escassez" em vez de "abundância", e de classes populares em formação em vez de uma classe já plenamente constituída. Deste modo, se lá se pode falar de "aburguesamento" da classe operária, aqui haverá que reconhecer um processo peculiar de "proletarização" das classes populares urbanas, embora isto signifique para a maioria uma ascensão social. Se lá as classes operárias parecem perder uma tradição própria e "despolitizar-se", aqui as classes populares ganham politização e se se perde algo é, no caso dos migrantes rurais, a tradição da não-participação e da submissão aos grandes proprietários de terra.

Com efeito, nas condições de um país como Brasil, *a "satisfação" que se associa à ascensão social de amplos setores populares urbanos tende a acompanhar-se da "insatisfação" característica das posições sociais conquistadas*. Por um lado, a mobilidade social que responde à ampliação da estrutura ocupacional não tem muito a ver com uma flexibilidade maior da estrutura de classes. Em seu estudo já mencionado, Hutchinson observa: "(...) de todos os da geração de filhos que ascenderam, aproximadamente dois terços não o conseguiriam se não fossem os novos postos criados pela economia da cidade. Isto é o oposto do que acontece com aqueles que desceram: pouco menos de um décimo desses parecem ter sido obrigados a ocupar novas posições devido a contrações nas oportunidades da categoria de origem".[6] E conclui: "em resumo, ao contrário da crença generalizada e das expectativas iniciais deste estudo, São Paulo com todo o seu tumulto social não manifesta um grau de mobilidade social, ou de ruptura das barreiras de classe, maior do que é comum no mundo ocidental: na realidade é algo menor".[7]

Por outro lado, se bem é verdade que a formação das classes populares é acompanhada de uma ampliação das possibilidades de consumo como resultado do desenvolvimento da economia urbana, também é certo que essas classes se encontram em situação desvantajosa quando nos referimos ao problema da "distribuição dos frutos do progresso tecnológico". Além de que o aumento do capital industrial se faz com uma participação relativamente decrescente do fator trabalho, o crescimento dos salários encontra-se sempre abaixo do aumento de produtividade. No caso do Brasil, durante muitos anos, os aumentos salariais estiveram em realidade abaixo dos acréscimos do custo de vida, o que indica uma tendência geral à baixa de salário real.

Mobilidade social em São Paulo supondo não existir a modificação de estrutura comparada com a mobilidade social real

Status do filho em relação ao país	Supondo não existir modificação de estrutura	Distribuição real
Mais alto	15,3	40,5
Igual	69,4	42,5
Mais baixo	15,3	17,0
	1.099	1.099

Fonte: Hutchinson, p. 225.

São Paulo e Guanabara: índices da evolução real do salário mínimo – 1940-1964

Ano	São Paulo		Guanabara	
1940	(1)	(2)	(1)	(2)
1943	100		100	
1944	93		96	
1952	86		81	
1954				
1956	105	100	97	100
1959	114	106	102	105
1961	100	89	89	91
1962		77		85
1963		72		80
1964		68		73
		84		81

Fonte: Anuário estatístico do Brasil, 1965.
(1) Fonte do deflator: *Desenvolvimento e conjuntura, jul. 1961.*
(2) Fonte do deflator: *Desenvolvimento e conjuntura, fev. 1965.*

Guanabara: relação entre os salários de diferentes categorias e o salário mínimo legal – 1940-1959

Ano(a)	Operário comum	Operário qualificado	Ferroviário	Func. "E"	Func. "O"
1940	100	–	148	–	–
1943	–	139	126	250	1.333
1944	108	134	–	–	–
1952	100	121	–	227	750
1954	100	115	104	–	–
1956	100	114	169	171	447
1959	100	115	145	141	368

Fonte: *Desenvolvimento e conjuntura,* jul. 1961; Anuário Estatístico do Brasil, 1965.
(a) Tomou-se o salário mínimo legal como base para cada um dos anos considerados. Só se consideram os anos em que o salário mínimo entra em vigência legal.

Guanabara: índices da evolução dos salários reais de diferentes categorias profissionais — (1940-1960)

Ano(a)	Operário comum	Operário qualificado	Ferroviário	Func. "E"	Func. "O"
1940	100	–	100	–	–
1942	–	100	–	–	–
1943	–	104	82	100	100
1944	–	85	–	–	–
1945	–	79	78	89	80
1946	–	92	–	–	–
1948	–	79	–	78	72
1951	–	–	67	–	–
1952	–	–	–	–	–
1953	–	68	–	71	38
1954	97	87	68	–	–
1955	–	87	–	62	28
1956	102	91	117	73	36
1957	–	90	–	–	–
1959	89	80	87	52	25
1960	–	92	88	46	31

Fonte: *Desenvolvimento e conjuntura*, jul., 1961, p. 69, quadro 1; e p. 78, quadro 2.

Nessas condições, seria incorreto supor que a adesão das classes populares aos líderes populistas significasse apenas a identificação com o regime, subordinação à manipulação exercida por outras classes. A adesão popular leva também os sinais da insatisfação social criada pelas condições em que se processa o desenvolvimento e que reserva às classes populares os sacrifícios maiores. Nossa primeira proposição necessita, portanto, ser aqui reformulada. As classes populares em ascensão quanto à participação econômica e política encontram-se de fato duplamente determinadas. A conquista individual de uma nova posição dentro da gama de possibilidades que oferece a composição heterogênea dessas classes não significa, apesar de todas as possíveis ilusões, a passagem para uma classe "superior"; pelo contrário, traz consigo todos os problemas que afetam a nova posição conquistada e, em última instância, o conjunto das classes populares. Numa palavra, a *vitória individual traz em germe uma frustração social.*[8] Esta experiência contraditória da formação social dessas classes *expressa-se também no nível político: a conquista da cidadania*, ou seja, a conquista da igualdade de direito, *não elimina a desigualdade de fato*; antes, pelo contrário, *dá a possibilidade de que se manifeste a insatisfação em face da desigualdade.*

A dupla determinação da situação social e política das massas é uma das raízes para a explicação da ambigüidade permanente de seu comportamento no período do populismo: *as classes populares em ascensão servem à legitimação do regime na medida em que pressionam, por meio dos políticos populistas, sua incorporação política e econômica ao sistema*; mas, neste processo, *elas trazem para o cenário político suas insatisfações presentes e tendem a converter-se em permanente ameaça de superação do* status quo.

Assim, toda política populista paga um preço pela adesão popular, qualquer que seja a amplitude de sua capacidade de manipulação. Ela deve assumir no plano político responsabilidades com a democratização do Estado, e no plano econômico um compromisso com a expansão das possibilidades de consumo, o que impõe no mínimo uma política de crescimento do emprego. Em outras palavras, ela deve ser capaz pelo menos de garantir a preservação e a intensificação do ritmo do desenvolvimento econômico e social que anteriormente propiciaram o surgimento das classes populares e que agora mantêm a vigência das alianças populistas.

Deve-se convir que esta não é uma tarefa simples. Exatamente porque a pressão popular se dirige sobre a ampliação do consumo e da participação política, ela impõe um sério desafio: *compatibilizar desenvolvimento econômico com desenvolvimento democrático.* Isto significa, em última instância, romper radicalmente com toda a antiga formação das sociedades agrárias. Os movimentos populistas, nascidos da crise desta formação e, portanto, comprometidos com ela, tiveram o mérito de propor a tarefa, mas se revelaram incapazes de realizá-la.

Notas

1. Este velho tema tem sido retomado ultimamente pela Sociologia e pela Ciência Política, em especial depois dos ensaios de I. H. Marshall. *Class, citizenship and social development*, Ed. Doubleday, Nova York, 1965, veja também, o livro de Bendix, já citado.
2. Sobre a noção de mobilidade social, veja Gino Germani, "Estrategia para estimular la movilidad social", in Joseph Kahl (ed.), *La industrialización..., op. cit.*; veja também, Lipset e Bendix, *Social mobility in industrial society*, University of California Press, Berkeley, 1963.
3. Registre-se, contudo, como uma indicação da ordem de magnitude da mobilidade social, o seguinte resultado obtido por Unzer de Almeida e Mendes Sobrinho: de 7.212 chefes de famílias niigrantes, 4.843 mudaram de profissão depois de migrar (67%). Esta observação vale apenas como indicação indireta pois, a rigor, um indicador deste tipo só seria possível quando se refere a uma escala social de mobilidade. Tratando-se de migrantes, a mudança de profissão, como a permanência nela, pode ou não significar mudança de *status*, dependendo dos critérios com os quais se construa a escala. Contudo, parece-nos que há razões suficientes, algumas das quais serão explicitadas mais adiante, para assumir a simples mobilidade profissional como um dos indicadores possíveis de mobilidade. E se temos em conta a presença de migrantes rurais, de pequenas cidades e de outros Estados, entre os migrantes estudados, bem como o fato de tratar-se de um estudo realizado na cidade brasileira que, à época, passava por um enorme surto de crescimento, pode-se admitir que a informação sugere uma mobilidade ascensional bastante ampla. De qualquer modo, trata-se apenas de uma sugestão pois, embora majoritárias entre os migrantes estudados, as classes populares são as únicas a serem consideradas. Indicações mais completas poderão ser encontradas no estudo de Bertram Hutchinson sobre a mobilidade em São Paulo. Veja, Bertram Hutchinson e outros, *Mobilidade e trabalho,* Rio de Janeiro, CBPE, 1960.
4. Cf. Alain Touraine, *op. cit.*, especialmente p. 83-84. É interessante observar empiricamente a associação na consciência popular entre desenvolvimento e ascensão social. Em pesquisa realizada em uma indústria paulista, Leôncio Martins Rodrigues (*Atitudes operárias na empresa automobilística,* São Paulo, 1967, *mimeo*) encontrou que 88% dos entrevistados apontaram "mais empregos e mais indústrias" como causa dos benefícios do desenvolvimento para os trabalhadores. Veja, especialmente p. 235 e segs.
5. Outro setor popular aparentemente homogêneno é o dos moradores das "favelas". Não obstante ainda aí, onde pareceria existir uma equalização nos níveis de consumo bastante baixos, parece possível realizar distinções significativas. Registremos, a respeito, interessantes observações de Carlos Alberto de Medina em *A favela e o demagogo*, Livraria Martins Editora,

São Paulo, 1964, p. 68-69: "Embora a favela seja vista pelos que nela não moram como um conjunto uniforme, habitado por um tipo específico de pessoa, o favelado, na verdade não existe esta homogeneidade interna entre seus habitantes. Cada favela tem, realmente, características comuns, principalmente no que se refere ao seu aspecto material, o tipo de casa, a parte urbanística e sanitária, que em todas elas deixa a desejar. Mas na própria visão do conjunto, o bom observador pode reparar diferenças. (...) Quem conhece uma favela por dentro sabe que cada uma tem áreas denominadas com precisão, de modo a orientar os moradores e seus visitantes. Os nomes dessas áreas classificam, muitas vezes, os próprios moradores, quando não são uma forma de marcar distinções entre pessoas ou modos de vida. Assim é comum encontrar-se o local reservado aos "malandros", o local considerado melhor, o local onde moram os "nordestinos", o local onde moram as pessoas de menores recursos, os locais perigosos. Em algumas favelas encontram-se até a divisão em "zona norte e zona sul", esta indicando onde moram as pessoas de maiores posses, onde estão as melhores casas".

6. Hutchinson. *Mobilidade e trabalho. op. cit.*, p. 223.

7. Idem, p. 226.

8. Na acertada expressão de Leônico Martins Rodrigues, as classes populares em formação são "ao mesmo tempo vencedoras e vencidas com referência ao projeto original de melhoria de vida e de ascensão social", *op. cit.*, p. 260.

CAPÍTULO VIII

Notas sobre a teoria da dependência: teoria de classe ou ideologia nacional?*

A noção de "país dependente" tornou-se de uso corrente nos estudos sobre a América Latina. Quem se dedica à leitura do que se tem produzido na sociologia latino-americana nos últimos anos não terá dúvidas em reconhecer a crescente difusão alcançada pela idéia de uma dependência estrutural dos países latino-americanos em relação aos "países centrais". Contudo, quanto mais se amplia o uso dessa noção, tanto mais se faz necessária uma indagação sobre seu significado. De que se trata, precisamente? É razoável supor que se pretende mais do que oferecer um novo rótulo para a velha idéia de "país semicolonial". Contudo, se se pretende propor um novo conceito, qual seu estatuto teórico? Se se trata de uma nova teoria sobre o desenvolvimento latino-americano, como se articula com a teoria geral do sistema capitalista? Ou se trata apenas (hipótese que me parece mais provável) de apresentar não uma teoria, mas uma problemática?

Perguntas desse tipo parecem-me até certo ponto inevitáveis diante da difusão conquistada pela idéia de "dependência". Contudo, antes de passar a estas questões que constituem o objeto destas "Notas", deve-se observar que a simples difusão desta noção representa, num ponto pelo menos, um papel renovador. Refiro-me à

---

* Apresentado no 2º Seminário Latino-americano para el Desarrollo, FLACSO-UNESCO, Santiago (Chile), nov. 1970.

função crítica que esta concepção de uma peculiaridade estrutural dos países latino-americanos exerceu em uma tradição de idealizar as "sociedades avançadas" como padrão universal do desenvolvimento capitalista. Neste sentido, as idéias sobre a dependência constituíram-se, por certo, num fermento intelectual, pois que, afirmando a especificidade da formação histórica latino-americana em contraste com a formação dos "países centrais", questionaram de maneira mais ou menos global o que se tinha por estabelecido nas teorias convencionais do desenvolvimento capitalista.

No entanto, há certos aspectos que merecem consideração e que transformam a noção de "dependência" em objeto de discussão. É evidente que nem sua difusão nem sua força crítica constituem garantia suficiente de sua qualidade como conceito científico; a difusão pode dever-se exatamente à sua imprecisão como conceito, do mesmo modo que a capacidade crítica pode derivar de sua conotação ideológica (de tipo nacionalista ou socialista nacional), mais do que de suas virtudes científicas.

Pretendo chamar a atenção para um problema já mencionado por Quijano: o conceito de dependência "corre el riesgo de ser manipulado en función de construcciones ideologicas y no cientificas, o de ocupar el sitio de un *deus-ex-machina* que da todo por explicado quando, precisamente se hace necesaria la explicación concreta".[1] Deste ponto de vista, não é improvável que esteja ocorrendo com esta noção algo parecido ao que tem ocorrido com outras concepções de *caráter global* sobre os países latino-americanos.* Por exemplo, há algum tempo atrás, alguns conceitos de caráter igualmente abrangente (como os de *subdesenvolvimento, desenvolvimento nacional*, etc.) eram usados (e continuam sendo) em contextos teóricos os mais diversos, indício seguro de que assumiam significados distintos que, contudo, tendiam a ser obscurecidos debaixo de uma aparente concepção comum a respeito da

---

* A noção de "dependência" tem um caráter global, na medida em que é concebida como uma relação ou, alternativamente, um atributo que afetaria a cada sociedade latino-americana concebida, de alguma forma, como um conjunto. Isto não significa, é importante assinalar, que se trata de uma noção totalizante de caráter dialético.

sociedade latino-americana. Parece-me claro que a ambigüidade da linguagem teórica dava lugar, naquela época, a um sentimento autocomplacente de consenso que, em realidade, inexistia na teoria como na prática política. De algum tempo para cá a referência à *dependência* começou a substituir, modificar ou simplesmente complementar a referência ao subdesenvolvimento, entre intelectuais como entre algumas correntes políticas. Se houve algum ganho na passagem (e eu creio que algum houve) não estou muito seguro que tenha sido de clareza teórica ou política.

Minha sugestão é que seria desejável submeter essa noção a um reexame, antes que nos percamos de novo na ilusão de um falso consenso. Creio ser necessário que esta idéia, que desempenhou uma importante função crítica, seja submetida a um debate antes que termine por confundir, seja por imprecisão, seja por excesso de generalidade, os problemas muito reais e muito importantes para os quais ela própria aponta. Pois não se trata, evidentemente, apenas de uma questão de precisão terminológica, nem mesmo de uma questão apenas teórica.

Segundo me parece, os sociólogos que se têm ocupado com o tema (entre os quais cabe mencionar Garcia, Frank, Cardoso, Faletto e Quijano) oferecem aos estudos sobre a América Latina duas contribuições importantes. A primeira é fácil de reconhecer, pois os próprios autores a "reivindicam" de maneira clara e explícita: refiro-me à crítica às teorias convencionais do desenvolvimento capitalista. A segunda indica, pelo contrário, o campo onde as coisas são mais obscuras e precisam proceder ao debate. Trata-se, precisamente, de saber: com que ficamos depois da crítica? Com um novo conceito e uma nova teoria ou apenas com uma nova ideologia? Creio que o mérito daqueles teóricos é, em realidade, maior pelos problemas que suscitaram do que pelas tentativas, de resto bastante ocasionais em muitos deles, de resolver problemas antigos. Um destes novos problemas merece atenção especial: se admitimos que as teorias convencionais do desenvolvimento capitalista nacional falharam, como então determinar as relações entre classe (e relações de produção) e nação no processo do desenvolvimento do capitalismo na América Latina? Chamo a atenção para o fato de que o problema não se refere apenas às estruturas econômicas do processo de acumulação, nem é apenas um problema teórico. Em realidade, ele diz respeito também à política: se as burguesias nacionais falharam ou inexistiram, qual o papel da *temática nacional* no âmbito das relações políticas e ideológicas entre as classes? A noção de "dependência" aponta para problemas deste tipo, mas isto não quer dizer que os resolva. Pelo contrário, parece-me bastante real o risco já indicado por Quijano. A noção de "dependência", no mesmo momento em que sugere a existência de problemas reais, pode confundir-nos, precisamente, porque aparece não apenas como uma indicação de sua existência, mas também como um princípio de explicação científica. Se é assim, creio que o encaminhamento dos temas mencionados passa obrigatoriamente pela crítica da própria noção de dependência. Estas notas não têm outro objetivo que o de sugerir alguns tópicos para este debate.

1. Dependência: classe e nação

A noção de "dependência", entendida em um sentido global como indicando a "especificidade estrutural" dos países latino-americanos, não é para facilitar as tentativas de uma conceituação rigorosa. O que, evidentemente, dificulta não apenas sua utilização científica, mas também sua crítica. É possível, porém, indicar com alguma precisão o campo dos problemas a que a noção se refere, que é exatamente o das relações econômicas e políticas entre nação e classe (relações de produção). Além disso, pode-se dizer que, buscando indicar em forma globalizante estes dois níveis de problemas, a idéia de "dependência" parece padecer de uma inevitável ambigüidade teórica.

Vários dos autores que se têm ocupado com o assunto indicam possuir consciência da ambigüidade do conceito e trataram de fato de solucioná-la. É assim que alguns deles elaboraram dois conceitos diferentes: *dependência externa*, indicando as relações da nação com os "países centrais", e *dependência estrutural*, noção mais complexa, que nomeia ao mesmo tempo as relações externas e seus efeitos estruturais internos sobre as classes e as relações de produção.

Se esta é uma solução correta é questão a discutir; minha opinião é que a ambigüidade não se resolve deste modo e que o dois "conceitos" são, pelo menos na forma em que são propostos, dois pólos de variação de uma mesma idéia.

Recorro de novo a Quijano, que me parece o mais próximo de uma caracterização radical e rigorosa da ambigüidade a que me refiro. Preocupado não apenas com a imprecisão do conceito, mas também com a explicitação das tendências teóricas e ideológicas que aparecem no âmbito da temática da dependência, Quijano considera que "la noción misma de "dependencia" aparece manejada en, por lo menos, dos encuadres teóricos radicalmente distintos. De un lado, el que se refiere a la subordinación nacional respecto de los países hegemónicos y para el cual por lo mismo, La noción de dependencia cumple una función de denuncia y no de explicación científica de los procesos históricos latino-americanos y del cual está ausente el problema de la dominación social que la relación internacional embosca (...). De otro lado, el que se refiere a las leyes históricas que rigen el sistema de dominación nacional — esto es, dentro de la nación — y sus relaciones con las que rigen el sistema capitalista en su conjunto y para el cual, por lo tanto, el problema central es el de las relaciones de dominación en que se organizan las relaciones de producción y las relaciones político-sociales y donde el problema nacional es función de esa matriz problemática".[2]

O autor refere-se ao que chama de "encuadres teóricos" da noção de "dependência", não propriamente ao conteúdo desta noção. De qualquer modo, é claro que, no primeiro caso, se colocaria a noção de dependência *externa* à nação, e no segundo a idéia, com a qual o autor se identifica, da dependência concebida como relação estrutural *externa-interna*. É também na linha desta segunda acepção que se definem Cardoso e Faletto: "A noção de dependência alude diretamente às condições de existência e funcionamento do sistema econômico e do sistema político, mostrando a vinculação entre ambos, tanto no que se refere ao plano interno dos países como ao externo".[3] Frank, por sua vez, embora mantendo a expressão "subdesenvolvimento", raciocina em termos similares. Referindo-se ao objetivo de seu livro, recusa tratar apenas da relação externa e afirma: "the thesis of the book (...) is precisely that in chainlike fashion the external contradictions of expropriation-appropriation and metropolis-satellite polarization totally penetrate the underdeveloped world creating an "internal" structure of underdevelopment".[4]

Penso que essas citações indicam o plano em que aparecem as dificuldades. Por certo, a noção de "dependência estrutural" não é precisamente a mesma nos três casos. Contudo, em todos ela mantém suas pretensões globalizantes: em Quijano, porque a noção indica "las leys históricas que rigen el sistema de dominación nacional (...) y sus relaciones com las que rigen el sistema capitalista en su conjunto"; em Cardoso e Faletto, porque alude nada menos que às vinculações (internas e externas) entre sistema econômico e sistema político; em Frank, porque as determinações externas "totally penetrate" o país subdesenvolvido, criando uma estrutura interna de subdesenvolvimento.

Deste modo, permanece em qualquer dos três casos o problema de como combinar a dependência externa (as relações entre as nações latino-americanas e os "países centrais") e a dependência interna (nas relações de produção e de classe no interior das nações latino-americanas).

Exatamente porque os autores optam pela acepção da "dependência" como relação estrutural externa-interna, não resolvem de fato a ambigüidade do conceito, mas simplesmente a reproduzem em outra forma. O problema central é o de saber como se livram das críticas que eles próprios fazem à primeira acepção (dependência externa) como sendo de natureza ideológica. E a incorporação da dimensão externa é obrigatória pois, de outro modo, teria algum sentido falar das relações internas como de relações de dependência?*

---

* As críticas aos componentes ideológicos da noção de "dependência externa" estão explicitadas apenas em Quijano, mas estão igualmente presentes, quando menos em forma implícita, nos outros autores. A ênfase na dependência externa cumpriria uma função ideológica, na medida em que indicaria a necessidade de independência nacional, sem a ruptura concomitante das relações de dominação (internas) de classe. Assim, ela pertenceria ao campo de uma ideologia de tipo nacional-burguês, que se recusa a ver os vínculos existentes entre o sistema internacional de dominação e a estrutura de classes vigente nos países latino-americanos. Do ponto de vista de uma análise ideológica, o problema que se coloca é o de saber em que

A imprecisão da noção de dependência, em qualquer das acepções mencionadas, está em que ela oscila, irremediavelmente, do ponto de vista teórico, entre um *approach* nacional e um *approach* de classe. No primeiro, o conceito de nação opera como uma premissa de toda a análise posterior das classes e relações de produção; ou seja, a atribuição de um caráter nacional (real, possível ou desejável) à economia e à estrutura de classes desempenha um papel decisivo na análise.

No segundo, pretende-se que a dinâmica das relações de produção e das relações de classe determine, em última instância, o caráter (real) do "problema nacional"** Um exemplo claro do primeiro *approach* é oferecido pelas teorias convencionais do desenvolvimento, predominantes desde o pós-guerra e envolvendo tendências diferentes entre si (como o pensamento da Cepal, de grande parte dos marxistas e dos sociológicos da modernização***), onde se parte da suposição de que a nação circunscreve o espaço das relações econômicas e sociais de tal modo que a observação dos "países avançados" permitiria prever o caminho a ser seguido em seu desenvolvimento pelos "países atrasados".

Os teóricos da dependência, segundo me parece, *tendem* para o segundo *approach*, mas *partem* do primeiro. Tratam de criticar

---

medida os teóricos da "dependência estrutural" rompem efetivamente com os mencionados marcos ideológicos. Minha impressão é que a noção que engloba ao mesmo tempo as relações externas e internas é apenas uma versão mais radical dentro do mesmo campo ideológico. Se no caso anterior se pode falar de nacionalismo (burguês) reformista, aqui me parece que é tipicamente de nacionalismo (pequeno-burguês) radical.

** Nesta qualificação de *approaches* teóricos, vai uma única diferença importante em relação àquela já feita por Quijano: não creio que caiba numa perspectiva teórica que toma como ponto de partida as relações de classe uma noção global de "dependência estrutural". Se tomarmos a rigor a idéia correta de que as relações de classe determinam o caráter do "problema nacional", a noção de dependência deverá ser especificada em cada caso de maneira concreta.

*** Refiro-me a *tendências* dentro do marxismo e da teoria da modernização. A meu ver, a nação não é premissa teoricamente necessária em qualquer dessas linhas teóricas, embora estivesse contida em muitos dos autores que as seguiram na América Latina. Nestas notas, detenho-me a considerar o problema do ponto de vista do marxismo.

este segundo *approach* por dentro, ou seja, a partir das premissas que ele apresenta. O mérito de seus trabalhos como críticos não nos deve fazer esquecer que são muitas vezes "presa" das premissas que querem destruir. Frank, por exemplo, seguindo a linha deste outro extraordinário crítico que foi Paul Baran, equaciona a "dependência estrutural" (ou o "subdesenvolvimento estrutural") *basicamente pela relação externa*; e ele próprio, em seu livro, observa a ausência de uma "adequate analysis of the class structure in Latin America".[5] É no livro de Cardoso e Faletto que se pode encontrar a tentativa mais ousada de uma combinação entre as relações externas e as relações internas, de tal modo que partes substanciais são dedicadas à análise, fecunda sob muitos aspectos, das relações de classe. Parece-me, aliás, que boa parte de suas análises de classe mantêm-se como tais, sem necessidade de uma noção superenvolvente de dependência como apoio. A premissa nacional, porém, está explicitada de tal modo que a nação (como realidade, possibilidade ou projeto) passa a ser um ponto básico para a articulação de sua teoria. Valeria repetir que isto ocorre de modo inevitável; de outro modo, não vejo como se poderia conceber a idéia de "dependência estrutural" como relação interna-externa.

No caso de Cardoso e Faletto, a presença da premissa nacional está dada principalmente no nível político pela idéia de Estado-nação. Seria útil acompanhar alguns passos de sua análise para se verificar como o critério nacional aparece no corpo da teoria. Definindo sua perspectiva de pesquisa, dizem que é necessário analisar "como as economias subdesenvolvidas vincularam-se historicamente ao mercado mundial e a forma em que se constituíram os grupos sociais internos que conseguiram definir as relações orientadas para o exterior que o subdesenvolvimento supõe".[6] Trata-se, portanto, de atingir as relações externas e internas de forma global e concomitante. Assim, o programa de análise das relações entre as classes é proposto nos seguintes termos: "*cada forma histórica de dependência produz um arranjo determinado entre as classes*, não estático, mas de caráter dinâmico. A passagem de um para outro modo de dependência, considerada sempre em uma perspectiva histórica, deve ter-se fundado em um sistema de relações entre classes ou grupos gerados na situação anterior".[7] Isto, contudo, não nos permite considerar essas classes e grupos como passivos, pois são eles que, em contrapartida, "tornam possível" a dependência: *se a nova forma de dependência tem explicações anteriores à nação, por outra parte, a relação interna entre as classes é que torna possível e dá fisionomia própria à dependência".*[8]

Desta maneira, Cardoso e Faletto esboçam *a ambigüidade "externo-interno" como constitutiva da "situação de dependência"* (ou melhor, constitutiva de seu conceito de dependência entendido como determinação fundamental e especifica das sociedades latino-americanas). Mas é em outro momento que esta ambigüidade aparece explicitamente formulada e em termos mais próximos dos que interessam à questão nação-classe (ou relações de produção): "Desde o momento em que se coloca como objetivo instaurar uma nação — como no caso das lutas anticolonialistas — o centro político de ação das forças sociais tenta ganhar certa autonomia ao sobrepor-se à situação do mercado; as vinculações econômicas, entretanto, continuam sendo definidas objetivamente em função do mercado externo e limitam as possibilidades de decisão e ação autônomas. Nisso radica, talvez, o núcleo da problemática sociológica do processo nacional de desenvolvimento na América Latina".[9] Mais adiante, reafirmando a concomitância da premissa nacional e da premissa de classe, acrescentam: "a interpretação geral aqui sustentada salienta que essa ambigüidade é típica da situação de subdesenvolvimento e que, portanto, é necessário elaborar conceitos e propor hipóteses que expressem e permitam compreender o subdesenvolvimento sob essa perspectiva fundamental. Esta deve realçar *a contradição entre a nação concebida como uma unidade social relativamente autônoma* (o que obriga, portanto, referir-se de maneira constante à situação interna de poder) *e o desenvolvimento considerado como processo logrado ou que se está logrando por meio de vínculos de novo tipo com as economias centrais".*[10]

A pergunta que se poderia colocar para os autores é a seguinte: trata-se de uma contradição real ou de ambigüidade do conceito que pretende definir uma perspectiva globalizante tomando a idéia de nação como uma de suas premissas? Concordo que a existência de países (nações) economicamente dependentes e politicamente independentes constitui uma "problemática sociológica" importante. Mas tenho minhas dúvidas se a reprodução do *problema* no plano do *conceito* ajuda a resolvê-lo. Por exemplo, terá existido na quase completa integração argentina ao mercado internacional no século XIX uma contradição real entre Estado nacional e mercado internacional? Não foi o próprio Estado nacional argentino, no pleno uso de seus atributos de soberania, um dos fatores dessa incorporação? Para estender um pouco mais o exemplo: é evidente que a oligarquia controlava o Estado, mas quem dava à Argentina desta época seu sentido como nação senão a própria oligarquia? A existência do Estado-nação, com seus atributos políticos de autonomia e soberania, não é razão suficiente para pensarmos que se instaure uma contradição nação-mercado no país que integra o sistema econômico internacional. Pelo contrário, em dadas condições sociais e políticas internas (que só podem ser resolvidas por uma análise de classe), os grupos que detêm a hegemonia, ou seja, que dão conteúdo à idéia de nação, podem usar a autonomia política para a integração econômica internacional.

Em realidade, não creio que a referência ao conceito de Estado-nação seja premissa segura para a caracterização de um conceito que nos daria o princípio de entendimento da sociedade como conjunto. Pretendo sugerir que se faz necessária uma opção para um *approach* que, ao contrário de desconsiderar a "questão nacional", trate de equacioná-la em termos rigorosos. A ambigüidade classe-nação, presente na "teoria da dependência", deverá resolver-se em *uma perspectiva de classe para a qual nem existe uma "questão nacional" (ou dependência) no sistema capitalista, nem a nação é concebida como um princípio teórico explicativo*. A importante *problemática histórica*, referida anteriormente por Cardoso e Faletto, só existe como *problemática teórica*, (que nem a teoria marxista nem a teoria da modernização contêm de forma necessária) na suposição *de que devesse haver uma coerência fundamental, do ponto de vista de um critério de autonomia nacional, entre os níveis econômicos e políticos*. Suposição inaceitável teoricamente, pois significaria o mesmo que tomar a nação como um dado anterior e irredutível à ciência, ou seja, como um absoluto.

2. "Teoria da dependência" ou teoria do imperialismo?

É bastante simples enumerar o que a "teoria da dependência" critica; neste aspecto ela me parece basicamente correta. Minha impressão, porém, é de que a crítica é incompleta no plano teórico e insuficiente no plano político-ideológico. Ela é dirigida sobretudo contra a transposição mecânica de modelos europeus (ou americanos), os quais inspiram as teorias convencionais do desenvolvimento capitalista que tiveram predominância durante decênios na América Latina. Evidentemente, não é a primeira vez que se fazem críticas, por exemplo, ao dualismo, à noção de burguesia nacional, etc.; contudo, eram críticas parciais. A novidade da "teoria da dependência", e também a raiz de sua maior dificuldade, é a de indicar uma perspectiva global para a articulação do conjunto das críticas parciais.

Não obstante, parece-me que a crítica cometeu o equívoco de conceder em dois pontos que constituem pedra de toque das teorias convencionais do desenvolvimento: primeiro, aceitou, embora de forma mais ou menos vaga, a idéia de "modelo clássico europeu" do desenvolvimento capitalista; segundo, aceitou que estes "modelos" estariam circunscritos ao âmbito da nação.

"Os países industrialmente mais desenvolvidos nada mais fazem que colocar diante dos países menos avançados o espelho de seu próprio futuro." Esta frase de Marx, comparando a Inglaterra capitalista com a Alemanha "atrasada", serve de ilustração para a idéia de "países-modelo", ao mesmo tempo que indica sua gênese, pelo menos no campo do marxismo. Não importa discutir aqui se esta frase contém ou não um equívoco de ordem histórica. Relevante é observar que se Marx cometeu algum equívoco na comparação entre aqueles países, ele não se equivocou na teoria.* É um dos

* Aquela célebre frase transformou-se, para muitos, numa espécie de princípio teórico do marxismo. Seguramente, o próprio Marx utilizou esta idéia em suas análises históricas, pois foi contemporâneo da formação dos Estados nacionais no continente europeu e estava consciente da importância desses para o desenvolvimento capitalista. A propósito, seu erro de previsão no curso da Revolução Alemã de 1848 foi exatamente o de pretender ver reproduzida na Alemanha o esquema da Revolução Francesa. Contudo, nada disso deveria servir como argumento teórico, pois sua posição a este respeito é bastante clara.

supostos mais conhecidos de sua teoria econômica a desconsideração da existência de nações. Assim, no âmbito teórico, o "país clássico", a Inglaterra, funciona meramente como exemplo para uma investigação teórica das leis gerais do sistema capitalista, concebido como universal.

Onde a idéia de "modelos clássicos europeus" fez maiores estragos foi no campo da teoria política da passagem do sistema feudal ao capitalismo industrial. Um exemplo disto é a versão corrente da teoria da "revolução democrático-burguesa" que designava, na França revolucionária, o "modelo clássico" daquela transição (modelo que, porém, conta também com aspectos econômicos extraídos do exemplo da Revolução Industrial Inglesa). Trata-se, para resumir, da noção de uma burguesia industrial que, apoiada no campesinato e nas massas urbanas, se volta contra o Estado absoluto que garante uma ordem de privilégios em favor de uma aristocrata de base agrária e feudal. É possível que esta idéia aproxime-se razoavelmente do processo de transição revolucionária exemplificado pelo caso francês, mas é seguro que não consegue dar conta plenamente dos demais casos de revolução burguesa já ocorridos. Parece certo que se uma teoria da "revolução democrático-burguesa" pode constituir-se, ela só poderá funcionar em um nível bastante elevado de abstração, para dar conta dos resultados finais ou, como diriam os marxistas clássicos, das "tarefas burguesas" que consistiriam no estabelecimento da democracia política e na consolidação da economia capitalista. Seria, portanto, uma teoria do sistema político burguês e de suas relações com a economia, mais do que explicação do processo histórico-estrutural de transição ao capitalismo. Acompanhando a brilhante análise de Barrington Moore, percebe-se que o "modelo clássico" dessa transição nunca existiu em realidade.[11] Elementos como ditadura/democracia, burguesia/aristocracia, campesinato/operariado etc. combinaram-se das mais diversas maneiras nos processos políticos de transformação das sociedades agrárias em sociedades capitalistas industriais. Sobretudo, não é certo, nas várias situações históricas de transição ao capitalismo, que a burguesia tenha sido sempre o ator principal, nem a democracia a forma política predominante. Segundo me parece, a permanência da versão corrente sobre a "revolução democrático-burguesa" explica-se mais pelo impacto mundial da Revolução Francesa e da

Revolução Industrial (além, é óbvio, da estratégia tradicional dos Partidos Comunistas), que por uma observação histórica criteriosa das revoluções burguesas. *Desse ponto de vista, parece-me que o equívoco da aceitação da idéia dos "modelos clássicos europeus" conduziu a "teoria da dependência" a uma batalha contra moinhos de vento, muito importante como desmistificação ideológica, mas muito precária em seus resultados científicos.*

Quanto à segunda concessão mencionada — e que se refere ao caráter nacional do desenvolvimento capitalista "clássico" — é preciso registrar aqui um argumento em favor da seriedade com que os "teóricos da dependência" trataram a mitologia dos "modelos clássicos europeus". E certo que todas as revoluções burguesas — as democráticas e as não-democráticas — estabeleceram ou consolidaram processos de "desenvolvimento capitalista nacional".

Entretanto, é importante chamar a atenção para o fato de que o exame da diversidade das revoluções burguesas coloca questões mais complexas: *a desqualificação da idéia de "modelos clássicos europeus" aponta diretamente para o problema de como combinar no plano da teoria a expansão das relações capitalistas de produção com as formas políticas pelas quais esta expansão se realiza.* Com referência à forma política nacional do desenvolvimento caberia considerar, com efeito, se esta não é hoje uma forma superada.

Ter-se-ia estancado a capacidade de "invenção" política do sistema capitalista em seu processo de expansão? As primeiras revoluções burguesas (Inglaterra, Estados Unidos, França) fizeram-se sob formas democráticas; as demais, em "países atrasados" como a Alemanha e o Japão, renunciaram à democracia. Não seria possível admitir que em países ainda mais "atrasados", como alguns países latino-americanos, o capitalismo estivesse "renunciando" às suas formas *nacionais* originárias de expansão?*

---

* Esta pergunta tem um antecedente, me parece, no chamado "modelo canadense". Tem um antecedente também na última parte do livro de Cardoso e Faletto que trata da "internacionalização do mercado interno", em que os autores estiveram no limite de abandonar a idéia de nação como premissa teórica e passar, de forma radical, a uma perspectiva informada, sem a ambigüidade das primeiras partes, nas relações de produção e nas relações de classe. Transição que poderia ter significado o reequacionamento dos problemas tratados anteriormente na obra.

Os problemas discutidos repercutem diretamente sobre a questão das possibilidades do desenvolvimento capitalista na América Latina. O catastrofismo típico da "teoria da dependência" (exceção feita a Cardoso e Faleto, veja nota anterior) tem origem no equívoco de tomar a sério os "modelos clássicos"; aqui, a relevância político-ideológica das questões tratadas pela "teoria da dependência" aparece plenamente. Frank, quem mais carregou sobre esses aspectos, diz o seguinte: "if, as the study suggests, no part of the economy is feudal and all of it fully integrated into a single capitalist system, then the view that capitalism must still penetrate most of the countryside is scientifically unacceptable and the associated political strategy of supporting the bourgeois democratic revolution is politically disastrous".[12] De minha parte, aceito a conclusão política, até mesmo porque a burguesia nunca mostrou grande interesse nesta revolução, mas tenho minhas dúvidas sobre as premissas teóricas: o escravismo moderno também foi uma resultante da expansão do capitalismo no Novo Mundo e, não obstante, o próprio capitalismo o substituiu por outra forma de exploração capitalista. Frank foi quem mais fez para a crítica da aplicação da teoria da "revolução democrático-burguesa" e da teoria do desenvolvimento capitalista nacional, mas provavelmente foi ele quem se apegou mais, no plano teórico, aos supostos nacionais dessas teorias. Desse modo, existe em suas análises uma perspectiva cataclísmica em relação às possibilidades do capitalismo que se acha sempre subordinada ao âmbito nacional: *"because of capitalism, Chile's economy was already underdeveloping through the three centuries before independence. And, if innate contradictions of capitalism continue to operate in Chile today (...) then no kind of capitalist development, be it toward the outside or toward the inside can save Chile from further underdevelopment. Indeed, if dependent and underdeveloped development toward the outside has been ingrained in the chilean economy since the conquest itself, then the supposed option for independent national capitalist development toward the inside, did not even exist in nineteenth century; much less does it exist in reality today".*[13] A questão que se coloca é a seguinte: a falência do capitalismo *nacional* na América Latina, com a qual eu concordo por razões semelhantes às de Frank, significa a falência do capitalismo *em geral* na América Latina?

É no nível das relações de produção, onde não há qualquer razão para assumir a forma nacional como necessária, que a questão das possibilidades do desenvolvimento do capitalismo (e alternativamente a questão das possibilidades da revolução socialista) na América Latina deve ser colocada. Do mesmo modo, é nesse nível que seria possível tentar encontrar algum lugar teórico definido para o "problema nacional" apontado pela "teoria da dependência". Além disso, é aqui que os problemas propostos pela "teoria da dependência" podem encontrar solução em alguma teoria realmente explicativa, e também se pode obter alguma sugestão para entender as concessões feitas aos "modelos clássicos" e às suas premissas nacionais. Neste ponto, o que me parece necessário (por mais que se fale em dependência interna) é voltar à velha questão da dependência externa. Em outras palavras, de fato, a "teoria da dependência" gira em torno de algum tipo de *teoria do imperialismo*. A questão é saber: que tipo de teoria? Socialista ou pequeno-burguesa radical?

Frank, mais interessado que Cardoso e Faletto, na determinação externa, é também quem tenta uma análise de caráter econômico para fundar sua teoria. Segue uma sugestão de Baran que se torna realmente central em seu argumento e, assim, compromete boa parte de seus resultados: o conceito de "excedente potencial". Um dos problemas centrais de Baran é explicar a diferença existente entre países pobres e países ricos na história de suas relações. Contudo, seu *approach* não é apenas histórico, pois opera conceitualmente e trata de deslindar a estrutura daquelas relações. Cabe, portanto, referir o conceito que jogará um papel central em sua análise, como também na análise de Frank: a noção de "excedente potencial" refere-se "à diferença entre o produto social que poderia ser obtido em um dado meio natural e tecnológico, com o auxílio dos recursos produtivos realmente disponíveis, e o que se pode considerar como consumo indispensável. A transformação desse excedente potencial* em efetivo pressupõe a reorganização mais

* São concebidas como formas de excedente potencial o consumo supérfluo, o trabalho improdutivo, o desperdício por irracionalidade da produção e o desemprego resultante da anarquia da produção e da deficiência da procura.

ou menos drástica da produção e distribuição do produto social e implica profundas mudanças de estrutura da sociedade".[14] Trata-se, portanto, como o próprio Baran esclarece, de noção diferente da categoria marxista da "mais-valia". De minha parte, creio que a diferença é mais profunda do que pensa Baran;[15] não diz respeito apenas à parcela do produto que cada uma delas designa, mas ao fato de que a mais-valia é um conceito dentro de um sistema teórico-científico; já o excedente potencial possui todas as características do juízo de valor de um crítico humanista diante do sistema econômico. É, na verdade, quase um programa crítico completo. A partir de que critérios se poderia operar com o conceito? Baran responderia: *"a razão objetiva é o único critério pelo qual é possível julgar a natureza de uma organização socioeconômica, sua capacidade em contribuir para a manifestação geral das potencialidades humanas e para o seu crescimento"*.[16] Em realidade, Baran anda mais próximo das teorias do socialismo utópico que do marxismo.

Cabe perguntar se, com esse conceito, já não temos os resultados da pesquisa sobre as possibilidades do desenvolvimento capitalista, antes mesmo de começá-la. A tese de Baran poderia expressar-se do seguinte modo: "É o estrangulamento econômico dos países coloniais e dependentes pelas potências imperialistas que impede o desenvolvimento do capitalismo industrial e *nacional*".[17] E aplica a tese ao caso da Índia, realmente um dos países mais notoriamente explorado pelo imperialismo, nos seguintes termos: "Não pode haver dúvida de que se o montante do excedente econômico que a Inglaterra extraiu da Índia tivesse sido *investido nela*, o desenvolvimento econômico indiano teria hoje pouca semelhança com o sombrio quadro que constitui a realidade".[18] O raciocínio sobre a Índia poderia ser generalizado seguramente a todo e qualquer país colonizado. Contudo, parece claro que não é desse modo que as coisas deveriam ser colocadas. Não tenho dúvidas de que o imperialismo, normalmente, extrai um excedente dos países onde aplica seus capitais, simplesmente porque de outro modo seria impossível entender sua contínua expansão. É igualmente claro que este excedente beneficia o desenvolvimento do país imperialista de alguma forma (este, como veremos, era um dos pontos importantes na teoria de Lenin). Contudo, a questão é primeiro saber se esse mesmo excedente teria sido gerado naquele país na ausência da expansão imperialista; segundo, na hipótese positiva, se este excedente teria tido, nas condições sociais e econômicas reais da sociedade hindu, aplicação como investimento em prol do desenvolvimento "industrial e nacional". A propósito, Marx, em seus escritos sobre a Índia, opinaria provavelmente o contrário de Baran; denunciando as atrocidades do imperialismo, ele era, contudo, mais confiante em sua capacidade de, com a desorganização da sociedade agrária preexistente, levar à expansão do capitalismo na Índia, ao mesmo tempo em que era absolutamente cético com relação às possibilidades dinâmicas do modo de produção asiático.[19]

Baran, que foi sobretudo um grande crítico e conhecia muito bem a natureza dos conceitos com os quais operava, reconhece que sua consideração das possibilidades de desen-volvimento autônomo da Índia constituía uma "pura especulação". Especulação que ele busca, contudo, legitimar por meio do contraste da Índia com o Japão, que *se desenvolveu porque foi "o único país (asiático) que teve a oportunidade de ter um desenvolvimento nacional independente"*.[20] Desse modo, o argumento que começa com um conceito especulativo termina também especulativamente. Tendo em conta que os países ricos mantiveram a autonomia e os países pobres perderam-na, "conclui-se" que uns são ricos porque a mantiveram e outros são pobres porque a perderam; donde "conclui-se" também que é suficiente provar a falência do capitalismo nacional para termos provada a inevitável falência do capitalismo em geral; finalmente, assim se justifica a premissa nacional como necessária ou, pelo menos, como suficiente para a análise das possibilidades do capitalismo nos países colonizados.

Seria o caso de confrontar agora a "teoria da dependência" com a teoria do imperialismo de Lenin. É certo que Lenin, do mesmo modo que Hobson antes dele, fala da existência de "países dependentes",[21] e esta semelhança de palavras poderia aparecer como um sinal de parentesco teórico. Mas a semelhança quase que termina aí. A começar pela diferença mais evidente (em relação à "teoria da dependência" como em relação àquela de Baran), cabe mencionar o referente à periodização histórica: a "teoria de dependência", do mesmo modo que a de Baran, buscando captar o "modo de ser" do capitalismo dependente, é superinclusiva também a este respeito, pois de fato refere-se a toda a história passada da América Latina; a teoria leninista é mais restritiva e se refere ao período que se inicia com o último quartel do século XIX.[22] Está claro que esta diferença de periodização corresponde a diferenças teóricas de base: na teoria de Lenin, o imperialismo não se define com base em uma premissa política (a nação), mas como uma fase particular do desenvolvimento capitalista, ou seja, a partir das relações de produção, com o aparecimento dos monopólios e a fusão do capital bancário com o industrial.[23] Ademais, consiste numa teoria construída com o intuito de explicar duas questões referentes aos *países imperialistas*: a inevitabilidade da guerra e a formação de uma aristocracia operária. Nesse contexto, as referências aos "países dependentes" são apenas secundárias. Cabe mencionar ainda uma última diferença importante. É sabido que, ao apoiar-se na caracterização da existência de monopólios, a teoria de Lenin aponta também para uma tendência à estagnação econômica. De novo, porém, ele se refere aos países imperialistas, não aos "países dependentes" *sobre os quais observa exatamente o contrário*: "onde mais cresce o capitalismo é nas colônias e nos países transoceânicos". Ele não alude evidentemente ao capitalismo autóctone, mas exatamente ao que vem de fora: "nas colônias, o capitalismo apenas começa a desenvolver-se. A luta pela América do Sul se exacerba a cada dia mais".[24]

Para resumir, gostaria de apresentar meu argumento da seguinte forma: 1 — a noção de "dependência estrutural" toma a idéia de nação em pé de igualdade com o conceito de classe (relações de produção, etc.) como se fosse um princípio teórico; 2 — uma teoria de classe não necessita da premissa nacional para explicar o desenvolvimento capitalista; 3 — se se aceita o segundo argumento, a "teoria da dependência" deixa de ser uma teoria ou um conceito de caráter global sobre a sociedade latino-americana e deve ser tomada apenas como a indicação de uma problemática nova, nascida da falência das teorias convencionais sobre o desenvolvimento capitalista na América Latina. Chamo a atenção para os dois tópicos de relevância nesta problemática: primeiro, o referente à necessidade do estudo das estruturas reais do processo de acumulação do capitalismo *tout court* na América Latina (enfim, se é certo que as ilusões nacionais sobre o capitalismo morreram, mais certo ainda é que o capitalismo como tal permanece vivo e ativo em muitas partes); segundo, se as ideologias nacional-burguesa e nacional-pequeno-burguesa falharam no plano econômico, que posição atribuir então ao "problema nacional" nos quadros presente e futuro das relações políticas e ideológicas entre as classes? Em outras palavras, que significação deverão ter os valores nacionais e a "cultura nacional" para as diferentes classes que hoje se confrontam na América Latina e para suas diferentes estratégias de transformação (ou preservação) do poder e do sistema econômico-social vigentes?

Notas

1. Quijano, A., *Redefinición de la dependencia y processo de la marginalización en America Latina*, Santiago, 1970, p. 27, *mimeo*.
2. Quijano, A., *op. cit.*, p. 26.
3. Cardoso, F. H. e Faletto, E., *Dependência e desenvolvimento na América Latina.* Rio de Janeiro, Zahar, 1970, p. 27.
4. Frank, A. G., *Capitalism and underdevelopment in Latin America,* Modern Readers Paperbacks, 1969, p. XII.
5. Frank. A. G., *op. cit.*, p. XXII.
6. Cardoso e Falletto, *op. cit.*, p. 26.
7. Idem, *op. cit.*, p. 35 (grifos meus, F. W.).
8. Idem, *op. cit.*, p. 36 (grifos meus, F. W.).
9. Cardoso e Faletto, *op. cit.*, p. 30.
10. Idem, *op. cit.*, p. 37 (grifos meus, F. W.).
11. Moore, B., *Social origins of dictatorship and democracy.* Londres: Penguin, 1967, Part Three. Sobre este ponto, veja também Poulantzas, N., *Pouvoir politique et classes saciales.* Paris, Maspero, 1968.
12. Frank, A. G., *op. cit.*, p. XIII e XIV.
13. Frank, A. O., *op. cit.*, p. 6.
14. Baran, P., *A Política do crescimento econômico.* Rio de Janeiro: Zahar, 1964, p. 76.
15. Idem, *op. cit.*, p. 76, veja nota 3.
16. Idem, *op. cit.*, p. 81.
17. Idem, *op. cit.*, p. 272 (grifos meus, F. W.).
18. Baran, P., *op. cit.*, p. 216.

19. Mark, K., *On colonialism and modernization.* Nova York, Anchor, 1969, p. 132-39.
20. Baran, P., *op. cit.*, p. 218-19 e segs. (grifos meus, F. W.).
21. Lenin, V., *El Imperialismo*. Moscou: Ed. en Lenguas Extranjeras, 1947, p. 106-11.
22. Idem, *op. cit.*, p. 101.
23. Idem, *op. cit.*, p. 115-16.
24. Idem, *op. cit.*, p. 125-27.

IMPRESSÃO E ACABAMENTO:
YANGRAF Fone/Fax:
6198.1788